나는
나를   사랑하지
     않았던 거야

나는
나를 사랑하지
않았던 거야

나를 치유하고
더 나은 우리가 되는
관계심리학

원정미 지음

서사원

프롤로그

우리의 마음 정원에
행복의 씨앗을 뿌릴 수 있도록

캘리포니아에서 삶을 꾸리고 있는 저는 한국에 갈 때마다 자주 듣는 질문이 있습니다. 미국 드라마나 영화에서처럼 집 마당의 파릇파릇한 잔디를 남편들이 주말마다 깎느냐는 것입니다. 그 모습이 너무 평화롭고 좋아 보인다고 이야기합니다. 현실도 드라마 같다면 좋으련만 그렇지 않을 때가 더 많습니다. 남편들은 잔디 관리를 울며 겨자 먹기 식으로 합니다. 너무 길게 자라지 않도록 적당한 시기에 깎아야 하고, 중간중간 잡초가 보이면 번지지 않게 뿌리째 뽑아야 합니다. 그러지 않으면 잡초들이 잔디를 다 죽일 수도 있기 때문이죠. 그래서 정원 가꾸기에 관심이 있거나 어지간히 부지런한 사람이 아니라면 잔디가 있는 집은 골칫거리일 때가 더 많습니다.

14년 전, 둘째를 낳은 저와 남편은 육아와 생계에 치여

집 뒷마당을 오래도록 방치한 적이 있습니다. 당시 저는 대학원을 다니면서 아이를 출산했기에, 잔디까지 신경 쓸 만한 정신적·육체적 여유가 없었습니다. 몇 달이 지나니 마당은 정글이 되었더군요. 어디서 날아와 뿌리를 내렸는지 알 수 없는 온갖 종류의 잡초들이 제 가슴 높이까지 자랐습니다. 마당의 상태가 심각하다고 생각한 저희 부부는 날을 잡아 마음먹고 마당을 정리했습니다. 장갑을 끼고 잡초를 뽑으면서 엄지보다 굵어진 잡초 뿌리가 얼마나 땅속 깊이 파고들었는지 깜짝 놀랐습니다. 파도 파도 끝이 없었고, 한 번에 잘 뽑히지 않아 애먹기도 여러 번. 뙤약볕에 땀을 뻘뻘 흘리며 잡초를 정리하며 이렇게 엉망이 되기 전에 미리미리 관리했어야 했다고 저와 남편은 얼마나 후회했는지 모릅니다.

인간의 마음도 정원과 같다는 생각을 합니다. 원치 않는 부정적인 생각들은 어느새 내 마음에 들어와 뿌리를 내려 쑥쑥 자랍니다. 반면, 마음을 가득 채웠으면 하는 좋은 생각과 감정 들은 공들여 땅을 파고 씨를 뿌리지 않으면 절대로 생기지 않습니다. 나 자신에게 정성과 관심을 기울이지 않으면 마음은 평안하고 행복해지지 않습니다. 자신을 위해 좋은 생각과 좋은 행동을 심어 주어야 후에 꽃을 피울 수 있습니다. 그러나 잠시라도 틈을 비우면 마음엔 불안, 걱정, 근심, 우울,

비교, 열등감 등이 어느새 날아와 또아리를 틀고 자리를 잡습니다. 애써서 뽑아 내지 않으면 절대로 그 생각들은 그냥 사라지지 않습니다.

정신적 어려움이나 관계의 문제로 힘들어하는 사람들 대부분은 자신의 마음 밭에 좋은 씨앗을 뿌린 경험이 적거나 관계 문제를 그대로 방치해 둔 경우가 참 많습니다. 잡초 뿌리들이 얼마나 깊이 자라고 있는지도 모른 채 사는 것입니다. 그냥 시간이 지나면 좋아지길 바랄 뿐이지요. 그러나 세월만 흐른다고 해서 좋아지는 경우는 거의 없습니다.

신체 건강을 위해서 운동을 꾸준히 하고, 영양가 있는 음식을 먹고, 좋은 영양제를 챙겨먹는 것처럼, 마음도 그렇게 돌보아 주어야 건강해집니다. 마음에 자리 잡은 해묵은 상처를 방치하지 않고 치료해 주고 좋은 생각과 행동을 할 수 있도록 나를 돌보아 주는 것이 그 시작입니다. 그렇게 매일매일 물을 주고 잡초를 뽑고 가꾸어 주어야 마음도 아름다운 정원이 됩니다. 그것이 나와 잘 지내는 방법입니다.

마음의 병이 잡초처럼 깊이 들어가기 전에 미리 관리하는 법을 알려 드리고 싶어서 이 책을 썼습니다. 모든 병의 최선의 치료가 예방이듯이 정신 건강도 마찬가지입니다. 과거 경험이나 유전적 성향으로 인한 어려움이 있을 수 있습니다.

당뇨병이나 암과 같은 신체 질환도 가족력이 강한 것처럼 정
신질환도 비슷합니다. 하지만 그 유전자를 발현시키느냐 아
니냐는 환경에 달려 있습니다. 그리고 후천적 노력에 따라
얼마든지 좀 더 나은 삶을 살아갈 수 있습니다.

지금부터 좋은 씨앗을 뿌리고 마음의 정원을 잘 가꾼다
면 우리의 삶은 달라질 수 있습니다. 그것이 나 자신뿐만 아
니라 나아가 사랑하는 사람들과도 잘 지내는 방법입니다. 많
은 심리적 문제와 관계 문제는 자신의 마음을 방치해 두어
일어납니다. 자신과 친해지고 잘 지내면, 더 행복해지고 타
인과도 잘 지낼 수 있습니다.

이 책이 나 자신을 어떻게 사랑해야 하는지, 그 사랑이
확장되어 타인과 어떻게 조화롭게 연결되어 살아갈 것인지
에 대한 가이드가 되길 바랍니다. 물론 하루 아침에 드라마
틱한 변화가 일어나지는 않을 것입니다. 패스트푸드만 먹던
사람이 채식을 한다고 해서 하루아침에 건강해지지 않는 것
처럼요. 채식을 1년, 5년 꾸준히 할 때에 비로소 건강상태가
달라지는 것을 느낄 것입니다. 이처럼 마음을 가꾸는 것도
시간과 정성이 필요합니다. 책에서 깨달은 점 하나라도 매일
매일 의지를 가지고 실천한다면, 분명 몇 년 후엔 지금보다
훨씬 더 아름답고 건강한 마음밭을 가꿀 수 있을 것입니다.

차 례

1부

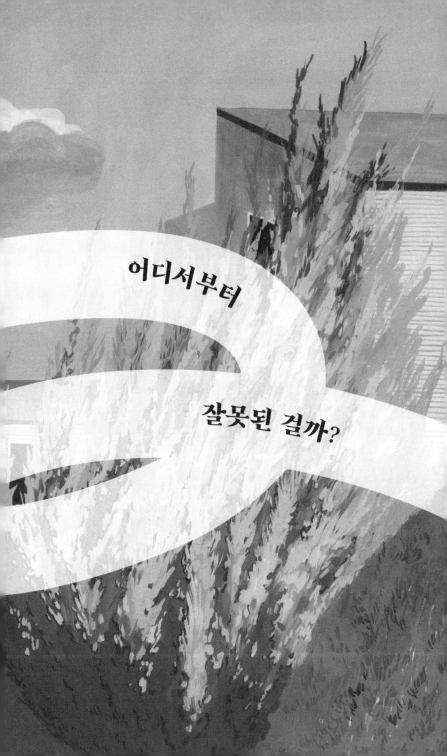

1장

인간관계가
내 마음 같지 않은 이유

행복의 조건

미국에서 학교 상담가로 일하면서 기억에 남은 'J'라는 아이가 있습니다. 고작 초등학교 1학년 정도밖에 되지 않았는데 상담실에 들어오자마자 거만하게 뒤통수에 깍지를 끼고 의자에 앉아 책상에 다리를 올리며 저에게 한 첫 마디가 "You can't do anything to me(당신은 나에게 아무것도 할 수 없어)"였습니다. 이 심상치 않은 첫 마디에서 예측할 수 있듯이 J는 학교에서 유명했습니다. 똑똑한 아이였지만 선생님 말을 듣지 않는 것은 물론이고 교실에서, 운동장에서 다른 아이들과 자주 싸움에 휘말렸습니다. 교실에서 왕처럼 군림하고 싶어 하던 J는 하루 이틀씩 정학을 받기도 했습니다. 미국은 아무리 어린아이라도 학교에서 누군가에게 물리적 공격을 가하면 심각한 처벌을 내리는데, 그럼에도 J의 거침없는 행동은 변하지 않았습니다.

　J의 상담을 시작하면서 학부모 면담을 하게 되었고 아이

가 왜 그렇게 행동하는지 금방 답을 찾을 수 있었습니다. J의 아버지는 이 지역 유명 IT 회사의 간부로, 능력은 매우 뛰어났지만 아내와 아이들을 제대로 사랑할 줄 몰랐습니다. 자신의 아들은 공부를 잘하고 똑똑한 아이기에 문제가 없다고 생각했고, 공부 잘하는 아들만 편애하고 딸은 차별했습니다. 오래전부터 부부 갈등도 심해 아내와 딸이 우울증과 불안장애를 겪고 있는데도 그는 별로 개의치 않았습니다. 가장으로서 무엇을 놓치고 있는지 전혀 인지하지 못하고 있었던 것입니다. 상담을 하면서 이런 사례를 너무나 자주 보고 듣습니다.

저는 구글, 애플, 메타, 넷플릭스, 테슬라 등 오늘날 우리의 일상을 지배하는 기업들의 본사가 있는 미국 실리콘 밸리에서 20년 넘게 살고 있습니다. 세계적으로 유명한 회사들이 많다 보니 이름만 들어도 입이 떡 벌어지는 명문대 석박사들을 상담실이나 일상에서 종종 만나곤 합니다. 그들은 부모들이 그렇게 바라고 소망하는 엘리트 코스를 제대로 밟아 온 인재들입니다. 누군가 평생 성공의 길만 달려온 그들이 행복해 보이지 않느냐고 묻는다면 저는 고개를 저을 것입니다. 심리 상담가로서 개인의 성공이 삶의 질이나 행복과 비례하지 않는다는 것을 누구보다 잘 알고 있기 때문입니다. 명문

대학을 나오고 석박사를 마치고 돈을 잘 벌면 모든 면에서
유능할 것 같지만 그렇지 않은 경우가 많습니다.

　　이미 많은 것을 이루었음에도 전혀 만족하지 못하는 사
람, 사회적으로 성공했지만 자녀와 배우자와의 관계에서는
미숙하기 그지없는 사람들이 있습니다. 으리으리한 저택에
살면서 돈으로 부모 노릇을 다 하고 있다고 생각하는 사람
들, 모든 것을 성과 위주로 판단하는 사람들, 자신의 유능함
과 경제력을 무기로 다른 사람을 무시하는 사람들, 자신의
사회적 위치로 가정에서도 특권과 혜택을 누리고 싶어 하는
사람들. 이들로 인해 마음이 아프고 병든 배우자와 아이들을
너무나 많이 만났습니다. 이런 사람들을 만날 때마다 깨닫습
니다. 인간관계는 지능, 재능, 그리고 성취와는 또 다른 것이
라는 것을요.

　　그럼 무엇이 우리를 행복하게 할까요? 하버드대학교에
서는 졸업생들을 대상으로 '행복의 조건'이라는 주제로 무려
85년 동안 장기 추적 연구를 하고 있습니다. 오랜 시간 이어
지고 있는 이 연구에 따르면, 흔히 돈, 명예, 건강, 성공이 우
리를 행복하게 해 주리라 예측하지만, 예상과 달리 중장년
이후로 갈수록 행복을 결정짓는 요소는 사회적 관계망과 관
계의 질이라고 합니다. 주변에 친밀하게 지내는 사람이 있는

지, 그들과 얼마나 소통을 잘하며 사는지가 행복한 인생의 중요 요소라는 것입니다.

이 연구 결과는 미국정신의학회American Psychiatric Association에서 정의하는 정신건강과도 일맥상통하는데, 정신건강이란 일상에서 무리 없이 다음 세 가지가 적절하게 기능하고 있는 상태를 말합니다.

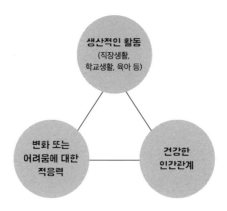

이 세 가지 중 하나라도 제대로 역할을 하지 못한다면 그것은 위험 신호입니다. 하나라도 균형을 잃으면 일상이 쉽게 무너질 수 있기 때문입니다.

많은 사람이 생산적인 활동, 즉 학교나 직장에서 좋은 성과를 거두면 모든 것이 괜찮을 거라고 믿습니다. 그리고 그것을 인생의 목표로 삼고 달립니다. 하지만 마음 터놓을 사람이 없거나, 변화나 스트레스를 조절하는 능력이 떨어진다면 심리적으로 그리 건강하지 않을 수도 있습니다. 이런 관점에서 스스로와 주변 사람들의 정신건강과 행복을 바라본다면 그전과는 다르게 보일 것입니다. 의외의 사람들이 정신적으로 건강하고 행복하게 살 수도 있고, 반대로 행복할 것 같은 사람들이 그렇지 않을 수도 있습니다.

더 흥미로운 것은 안정된 인간관계와 스트레스 조절능력은 깊은 상관관계가 있다는 것입니다. 시련과 어려움 가운데서 자신을 다시 회복시키는 탄력성resilience을 구성하는 한 축이 대인 관계 능력, 즉 개인의 사회성과 정서 지능EQ, Emotional Intelligence입니다. 여기서 정서 지능은 자신의 감정과 타인의 감정을 이해하고 다스리는 능력을 말합니다. 심리학자 존 메이어John Mayer와 피터 샐러비Peter Salovey에 의해 주목받기 시작했으며 하버드대학교 교수 다니엘 골먼Daniel Goleman에 의해서 대중화되었습니다. 정서 지능은 타고나는 것이 아니라 후천적으로도 그 능력을 높일 수 있는데, 다음 네 가지 주요 능력이 필요합니다.

| 자기조절 | 사회적 인식 | 자기 인식 | 관계 관리 |

　　정서 지능이 높은 사람들은 자기감정에 솔직하고 자기 객관화를 잘하기(자기 인식) 때문에 자기 자신을 잘 다스립니다(자기 조절). 자신의 감정에 솔직하고 그것을 잘 읽어 내야 타인의 감정을 읽어 내는 능력, 즉 공감 능력(사회 인식)이 발달합니다. 공감 능력이 높은 사람은 인간관계에서 일어나는 문제나 갈등을 적절히 조절(관계 관리)하며 다룰 수 있습니다. 따라서 인간관계에서 반복적인 문제 또는 갈등을 겪는다면 단순히 관계 내의 문제라는 인식에서 벗어나 위의 네 가지 정서적 상태를 생각해 봐야 합니다.

나도 나를 모르는데
누구를 이해할 수 있을까

사람과 사람이 연결되는 사회성은 단순히 사람을 좋아하고 허물없이 지내는 사교성만을 의미하는 것이 아닙니다. 자기 인식 능력, 공감 능력, 소통 능력, 문제 해결 능력 등 다양한 능력의 결정체인 정서 지능이 뒷받침되어야 하는 고도의 능력입니다. 이런 정서 지능은 언어나 악기를 배우는 것처럼 후천적 교육과 훈련으로 발달합니다. 인간은 사회적 동물이기 때문입니다.

비대면이 익숙한 MZ 세대 중 상당수가 콜포비아call phobia, 전화하거나 받는 것에 불안, 두려움을 느끼는 증상가 있다고 합니다. 직장 업무에도 지장을 줄 정도라고 하지요. 어린 시절부터 SNS와 문자를 주고받으며 자란 데다가, 코로나19로 학교 수업이나 회사 일까지 비대면으로 했던 것이 큰 영향을 미쳤기 때문일 것입니다. 이처럼 사회성은 내가 무엇을 보고 듣고 배우며 자랐는지와 무척 깊은 연관이 있으며, 사람 사이에서 일어나는 많은 문제도 개인의 가치관, 삶의 태도, 몸에 익은 습관 그리고 신념의 충돌에서 시작됩니다.

스탠퍼드대학교에서 오랫동안 신입생과 학부생의 상담 과장으로 일했던 베스트셀러 작가 줄리 리스콧-헤임스Julie Lythcott-Haims는 《어른의 시간》(박선영 옮김, 온워드, 2022)에서 어린 시절 환경의 중요성을 강조했습니다. 그녀는 수백 명의 명문대 학생을 만나면서 진정한 어른이 되는 데 필요한 사회적 기술은 어린 시절부터 배운다는 것을 깨달았다고 합니다. 가까운 사람들과 함께 있는 법, 서로 관심을 주고받는 법, 의견 충돌이 있을 때 양보하고 타협하는 법, 모든 일에는 재미없고 힘든 시기가 있다는 것을 알고 견디는 법, 스스로 선택하고 책임지는 법 등을 가정에서 제대로 배우지 못한 학생들은 명문대를 다녀도 사람들과 순조로운 관계를 유지하고 독립적인 성인으로 성장하는 데 어려움을 겪는 경우가 많다는 것입니다.

제 상담실을 찾는 내담자들의 고민은 친밀한 관계에서 발생하는 문제입니다. 가족, 연인 간의 갈등이나 불화를 자세히 들여다보면 표면적으로 곪아 터지지 않았을 뿐, 아주 오래전부터 시작된 문제인 경우가 대부분이지요. 헤임스가 이야기한 것처럼 가정에서 정서 지능의 발달을 도와주지 못한다면, 가족은 물론 다른 사람과 친밀한 관계를 맺는 것이 무척 어려울 수 있습니다. 인간은 자라면서 보고 배운 대로 반응하기 때문입니다.

가까운 관계에서 일어나는 문제를 해결하기 위해서는 내가 무엇을 배웠고 무엇을 배우지 못했는지 먼저 알아야 합니다. 즉, 메타 인지metacognition를 사용해야 한다는 것입니다. 나를 제대로 안다는 것은 나의 기질이나 장단점, 내가 무엇을 보고, 듣고, 믿으며 자랐는지 아는 것을 말합니다. 나의 믿음, 습관, 감정, 가치관이 어떻게 형성되었는지를 이해하는 것이고, 나의 상처와 결핍까지도 아는 것입니다.

메타 인지는 마치 새롭게 나타난 개념처럼 보이지만, 사실 '자기 객관화'와 '자기 인식'의 또 다른 표현입니다. 자기 객관화는 정서 지능 발달의 첫 단추입니다. 자신을 제대로 알지 못하면서 타인을 이해하는 것은 불가능하기 때문입니다. 그러나 우리 대부분은 내가 무엇을 배웠고 무엇을 배우지 못했는지조차 알지 못한 채 살아갑니다. 친밀한 사이에서 일어나는 관계 문제는, 내가 나 스스로를 잘 모르고 상대방도 매한가지이기 때문에 시작됩니다. 안정적인 관계를 만들어 가기 위해서는 자신에 대한 이해가 선행되어야 합니다.

나는 어떤 유형일까 ①

"내가 얼마나 잘해줬는데"
혼자 잘해 주고 상처받는 타입

주변 사람들에게 지나치게 애를 쓰고 정성을 들이는 사람들이 있습니다. 부탁하지 않은 일까지 나서서 도와주고 다른 사람들을 세심하게 챙겨 사람들로부터 착하고 좋은 사람이란 평을 듣지요. 그러다가 어느 날 갑자기 상대방으로부터 상처를 받았다고 하거나 실망했다며 관계를 끊습니다. 갑작스럽게 관계가 틀어져 당황한 상대는 영문을 모릅니다. 이 유형의 사람들은 남들에게 베푸는 친절과 정성 안에 타인에 대한 기대도 그만큼 크기 때문에 실망 또한 큰 것입니다.

저는 첫 아이를 키울 때 불면 날아갈까, 건드리면 깨질까 정성을 다했습니다. 물론 아이를 향한 사랑은 조건이 없는 것이었지만, 은연중에 이렇게 진심으로 사랑하고 헌신하면 부모의 말을 잘 듣는 착한 아이가 될 거라 생각했습니다. 그러나 제가 받지 못한 사랑까지 짜내며 아무리 애쓰고 노력해도 제 마음 같지 않은 아이 때문에 참 혼란스러웠습니다.

표현만 안 했을 뿐, 제가 주는 사랑만큼 아이가 보답하기를 바랐기 때문이었습니다. '내가 이렇게 너를 사랑하니까' '너를 위해 희생하니까 내가 바라는 착한 딸이 되어야지' 하는 기대가 있었던 것입니다. 하지만 아이는 부모의 말을 잘 듣는 착한 아이가 되려고 태어난 것이 아니지요. 그것을 깨닫고 나서야 첫째와의 관계가 달라지기 시작했습니다.

　　타인에게 지나치게 애를 쓰는 사람들 대부분은 정작 자기 자신은 방치합니다. 타인의 인정과 사랑에 목말라 자신이 원하는 것보다 타인의 기대를 충족시키기에 급급하기 때문입니다. 말로는 괜찮다고 하지만 이런 과도한 희생이나 친절 안에는 기대감이 섞여 있을 수밖에 없습니다. '내가 베푼 정성과 희생에 어느 정도라도 보답하겠지'라는 마음이 있는 것입니다. 하지만 이런 기대감이 만족스럽게 채워지는 경우는 드뭅니다. 그러다 '내가 너에게 얼마나 잘해 주었는데' 하며 실망하고 분노하게 되는 것입니다.

　　이 유형 사람들의 어린 시절을 돌아보면 조건적인 인정과 사랑에 길들여진 경우가 많습니다. 무슨 이유에서든 공부를 잘하거나, 말을 잘 들어야만 사랑받을 수 있다고 믿으며 성장한 것이지요. 이런 유년 시절을 보낸 아이들은 어른이 되어서도 인간관계에 지나치게 애를 쓰게 됩니다. 그런데 그들의 과한 친절이나 배려를 무심하게 받아들이거나 오히려 부담스러워하는 사람도 있습니다. 지나친 배려나 헌신이 때로 상대방에게 정서적 짐이 되기도 하지요. 상대방이 갚을 수 없는 빚을 지고 있는 것 같다는 생각을 하게 되면 관계가 불편해집니다. 그래서 한쪽으로 지나치게 기울어진 관계는 무너지기 쉽습니다.

　　타인에게 친절과 선의를 베푸는 행위는 나쁜 것이 아닙니다. 상대에게 선의를 베풀되, 타인의 마음은 내 것이 아니라는 것을 명심해야 합니다. 내가 원해서 베푸는 선의를 상대가 반드시 보답할 의무는 없습니다. 그것은 전적으로 상대의 마음에 달린 것입니다. 상대로 인해 행복해지겠다는 기대는 내려놓아야 합니다. 스스로 행복해지는 법을 알아야 하지요. 아무리 애를 쓰고 정성을 들여도 상대의 마음을 내 뜻대로 할 수 없다는 것을 인정하는 것이 바람직한 관계의 시작입니다. 인생에서 내 맘대로 할 수 있는 것은 오직 나의 마음과 생각, 그리고 나의 태도와 선택뿐입니다.

나는 어떤 유형일까 ②

"날 좀 내버려둬"
깊은 관계는 두려운 회피형

인간관계의 넓이나 깊이는 사람마다 다릅니다. 우리가 흔히 이야기하는 외향인과 내향인을 비교해 볼까요? 외향인은 여러 사람과 관계를 맺는 것을 선호합니다. 사람들로부터 에너지를 얻지요. 내향인은 혼자만의 시간에서 에너지를 얻습니다. 외향인은 두루두루 여러 사람과 잘 지내는 것에 능하고, 내향인은 소수의 사람과 깊은 관계를 맺는 것이 편합니다. 속을 내보이는 친밀한 소통에는 자기 이해 능력이 동반되어야 하기에 이는 오히려 내향인에게 유리한 편입니다. 그렇기 때문에 외향인들이 인간관계에 더 능숙하고 내향인들은 그렇지 않다고 이야기할 수는 없습니다. 각각 관계를 맺는 질이나 수준이 다를 뿐이고 자신의 성향과 인생관에 맞게 선택하는 것뿐입니다. 가깝게 소통하는 사람이 손에 꼽을 정도로 적다고 해서 인간관계에 문제가 있는 것은 아닙니다. 소수의 사람과 깊은 소통을 하는 관계가 더 잘 맞는 사람도 있습니다.

인간관계에서 회피적인 태도를 보이는 사람은 외향형, 내향형과는 전혀 관계가 없습니다. 회피형 사람들은 관계에서 일어나는 문제나 갈등을 직면하거나 거절하는 것이 어려워 피하는 것입니다. 자존감이 낮고 타인을 신뢰하지 않기 때문에 어려움이나 문제가 생기면 갑자기 연락을 끊거나, 직장이나 직업을 자주 바꾸기도 합니다. 스스로 문제나 갈등에 맞서거나 그것을 해결할 수 있을 것이라 생각하지 못하기에 일단 피하고 보는 것입니다. 직면하지 않기에 문제는 오히려 커지고, 관계 또한 더욱 꼬이게 됩니다.

이렇게 회피형 관계를 맺는 사람들에게도 그럴 만한 사정은 있습니다. 믿었던 관계 혹은 사람으로부터 심한 상처를 받은 경험이 있다면 다시 그런 깊은 관계를 맺는 것이 두려워질 수밖에 없습니다. 이유 없이 주변 사람들로부터 학대 또는 따돌림을 당한 경우도 마찬가지입니다. 이렇게 거절과 상처의 경험이 많으면 사람에 대한 두려움이 생기는 것이 당연합니다. 타인과의 관계에서 따뜻함, 신뢰, 안정감 등의 긍정적 경험이 적은 경우 회피형 모습을 보일 수 있습니다.

스트레스 조절이 어렵고 예민한 사람 또한 비슷합니다. 기질적으로 오감이 예민해서 사소한 자극도 스트레스가 되어 쉽게 지치고 짜증이 납니다. 자신의 감정을 건강하게 다루지 못하면 점점 더 예민해지는 악순환이 반복됩니다. 상대는 예민한 사람을 힘들어하고, 예민한 사람은 상대의 말투, 눈빛, 태도 등에 지나치게 반응하다 보니 스스로를 괴롭히기도 합니다. 그래서 깊은 관계를 맺는 것을 회피하는 성향을 보이는 것입니다.

　독립심이 지나치게 강한 사람도 회피형일 확률이 높습니다. 부모의 부재, 양육자의 정서적 미숙, 경제적 어려움 등 다양한 이유로 부모에게 짐이 되어서는 안 된다고 생각하며 자란 사람 즉, 가족에게 정서적으로 의지하거나 기대어 본 경험이 적은 사람들에게서 나타납니다. '애어른 같다' '철이 일찍 들었다'는 말을 듣고 자란 사람들을 생각해 보면 쉽습니다. 이들은 어린 시절부터 자신의 일은 항상 알아서 처리해야 했기에, 스스로를 돌보고 책임지는 것도 버겁습니다. 그렇기 때문에 정서적 교류조차 일처럼 느껴지는 것이지요. 그래서 홀로 있기를 선택하기도 합니다.

　자신이 회피형인 것 같다는 생각이 든다면 그동안 경험한 세상이 지나치게 부정적으로 왜곡되지 않았는지 돌아봐야 합니다. 그리고 왜곡된 시야를 바꾸기 위해 다양한 사람들을 만나 보면서 세상에는 나쁜 사람도, 좋은 사람도 있다는 것을 몸소 경험해 봐야 합니다. 관계에서 받은 상처를 다른 관계로 치유하고, 문제가 생겨도 함께 조율하고 해결해 나가는 경험을 쌓는 것입니다. 그러기 위해서는 나 자신이 썩 괜찮은 사람이라는 자기 확신과 두려움에 맞설 용기가 필요합니다.

나는 어떤 유형일까 ③

"됩니다, 돼요"
거절을 모르는 예스맨형

타인의 무리한 부탁을 잘 거절하지 못하는 사람들이 있습니다. 그로 인해 물질적·심리적 어려움을 겪기도, 오히려 관계를 망치기도 하지요. 이들 대부분은 어린 시절 순응적이고 착한 아이였을 확률이 높습니다. 40대인 제가 어렸을 때만 해도 부모님, 선생님 말에 순종해야 한다며 엄하게 훈육하는 가정이 많았습니다. 아이가 말대꾸하거나 자기 의견을 주장하는 것을 거의 용납하지 않았지요. 이처럼 통제적이고 억압적인 가정환경에서 자라면 주도성·독립심이 발달하기 어렵습니다. 관계에서 갈등을 일으키지 않는 것만이 최선이라고 배웠기에 타인에게 싫은 내색을 하는 것이 어려울 수밖에 없습니다.

　기질적으로 불안이 높은 사람도 대립이나 갈등 상황을 견디는 것이 힘듭니다. 게다가 문제를 해결해 본 경험이 전무하다면 자신이 순응함으로써 대립 상황을 피하는 방어기제를 선택하기 쉽습니다. 이런 사람들은 주변으로부터 착하고 순한 사람이라는 평가를 받고, 문제를 해결하거나 책임질 일도 없기 때문에 자신이 관계에서 크게 손해를 본다고 생각하지 않을 수도 있습니다. 그러나 타인에게 순응하지 않고 스스로 선택하고 책임지는 경험이 쌓이지 않으면 실수나 실패에 대한 두려움은 점점 더 커지게 됩니다. 나이가 들수록 인생은 선택과 책임의 연속입니다. 하지만 타인의 의견을 따라가면 적어도 책임질 일은 없지요. 그래서 관계에서의 주도권을 포기하고 '무책임'이란 편안함을 선택하기도 합니다. 주도권을 상실한 인생은 걱정, 핑계 그리고 불평만 남게 됩니다. 그래서 관계도 꼬이고 마음도 힘든 것입니다.

타인의 시선이나 인정이 지나치게 중요한 사람도 거절이 어렵습니다. 어떤 이유로든 자신은 좋은 사람, 착한 사람, 능력 있는 사람이 되어야 한다고 생각하기 때문입니다. 상대의 부탁을 들어주지 않으면 자신이 무능력하고 나쁜 사람이 될 것이라는 착각을 하는 것입니다. 심지어 상대의 부탁을 거절하면 상대에게 거부당할까봐 두려워하는 사람도 있습니다. 그래서 타인에게 보이는 자신의 모습에 지나치게 집중하는 것입니다. 이렇게 자기 삶의 우선순위를 제대로 인식하지 못하고 주먹구구식으로 주변의 모든 부탁을 들어주다 보면 반드시 지치게 되어 있습니다. 인간의 능력과 에너지는 무한하지 않기 때문입니다. 이런 유형의 사람들은 타인에게 끌려다니지 않고 삶의 주도권을 쥐고 이끌어 나갈 수 있도록, 살면서 모든 일을 해결할 수는 없다는 것, 때로는 거절해도 괜찮다는 것을 직접 경험해 봐야 합니다.

나는 어떤 유형일까 ④

"매일 똑같은 일상인데 무슨 할 말이 있어?"
정서적 소통 불가형

제 상담실에 오는 내담자 대부분이 소통에 대한 고민을 토로합니다. 같은 집, 같은 세상에서 살아가고 있음에도 대화가 통하지 않는다고 하지요. 그러나 이들은 직장과 같은 공적인 관계에서는 크게 문제가 없는 경우가 많습니다. 가깝고 친밀한 사이에서만 유독 소통이 어려운 것입니다. 직장이나 사회에서는 어려움이 없기에 오히려 자신에겐 별문제가 없다고 생각합니다. 그러나 대화에는 여러 종류가 있습니다. 직장에서의 대화는 업무적인 소통이 대부분입니다. 주로 정보를 나누고, 목표를 설정하고, 어떻게 목표를 이루어 나갈지에 대한 정보전달식 토론이나 대화이지요. 친밀한 관계에서는 이런 대화만으로는 마음을 나누기 어렵습니다. 오늘 나의 연인에게, 또는 가족에게 어떤 말을 했는지 잠시 되돌아보세요.

"숙제했니? 기말고사가 언제야?"

"전세금은 어떻게 마련할 거야?"

"이번에 애들 학원 보내야 하는데 돈이 없어."

이런 대화로는 서로의 마음이 가까워질 수 없습니다. 마음이 가까워지는 대화란 지극히 개인적이고, 감정적이며, 사적인 대화입니다.

"오늘 김 과장 때문에 회사에서 힘들었어. 나는 김 과장이 그럴 때마다 너무 싫어."

"당신이 내 말을 귀담아듣지 않아서 너무 서운해."

"오늘 ○○이가 학교에서 소풍을 다녀왔는데, 너무 즐거웠대."

이처럼 지극히 개인적인 취향과 감정이 담긴 대화를 하며 서로를 향한 수용과 공감이 이루어질 때 비로소 우리는 상대방과 연결되어 있다고 느낍니다. 감정의 수용이 존재적 수용으로 이어지기 때문입니다. 감정의 거부 혹은 억압형 소통이 불통으로 이어지는 가장 큰 이유는, 감정의 거부는 존재적 거부처럼 느껴지기 때문입니다. 예를 들어 "나는 새로운 곳에 가고 새로운 사람들을 만나는 게 너무 즐겁고 재미있어"라고 했을 때 상대가 "너는 어떻게 그런 게 재미있을 수가 있니?(감정 거부) 피곤한 일이잖아(판단)"라고 한다면 그런 상황을 좋아하는 나는 이상한 사람처럼 되어 버립니다. 상대에게 '이상하고 별난 존재'로 취급을 받고 싶은 사람은 없지요. 어린 시절부터 정보전달식의 대화만 주고받은 사람에겐 이런 감정 소통은 에너지 낭비 같고 다 쓸데없어 보이기도 합니다. 의미도, 목적도, 결과도 없는 대화이기 때문입니다.

서로의 감정을 나누고 인정하는 이런 사적인 대화야말로 서로의 마음 깊숙이 닿을 수 있는 유일한 길입니다. "아, 그래? 너는 새로운 경험을 좋아하는구나"라고 감정을 인정해 준다면 '이 사람은 나에게 관심이 있구나' '날 이해하고 있구나'라고 느낍니다. 이렇게 서로를 판단하지 않고 이해하려고 노력하는 것을 '감정 소통'이라 부릅니다.

나의 감정을 읽어 주지도, 수용해 주지도 않는 가정에서 자란 성인에게 감정 소통은 사실 너무나 어려운 일입니다. 하지만 감정 소통만이 사랑하는 사람들과 친밀해질 수 있는 유일한 통로입니다. 어색하고 힘들겠지만 감정 소통을 연습해 보세요. 그 시작은 상대를 판단하지 않고 있는 그대로 인정하는 것입니다. 상대방을 귀한 손님이라 여기고 그 손님을 호기심 어린 눈으로 바라보세요. 그렇게 한 발짝 물러나 상대를 소중한 타인으로 대할 때 상대방을 이해할 수 있습니다.

공감 능력이 부족한 남편이
너무 답답해요

상담실에서 여러 부부를 만나다 보면 가장 자주 듣는 이야기가 남편들의 공감 능력 부족입니다. (반대인 경우도 아주 가끔 있긴 합니다.) 아내들의 마음을 읽는 건 고사하고 위로는 더더욱 모르는 무심한 남편에 대한 울분이 많지요. 그렇다고 그 남편들이 정말 나쁜 사람이냐고 묻는다면 절대로 그렇지 않습니다. 대부분 성실하고 능력 있는 사람들입니다. 그렇다면 무엇이 문제일까요? 가족 구성원마다 개인적 기질과 성향이 모두 다르기 때문에 이유가 딱 하나일 수는 없습니다. 원하는 관계의 모습이 사람마다 다르기에 때로는 무척 복잡하지만 주로 나타나는 특징은 이러했습니다.

첫째, 정말 공감 능력이
떨어지는 사람

일반적으로 남성형 뇌(좌뇌)가 여성형 뇌(우뇌)보다 사회성이나 감정 표현 능력이 떨어진다는 것은 과학적인 사실입니다. 특히 어린 시절 가정환경이 공감 능력을 발달시켜 줄 만큼 충분하지 못했다면 더더욱 그럴 것입니다. 한마디로 정서 지능이 충분히 발달하지 못한 것입니다. 더 나아가 배우자의 성장 환경이 폭력적이거나 방임 혹은 억압적이었다면 공감은 먼 나라 이야기가 됩니다. 보통 이런 사람들은 가족뿐 아니라 마음을 터놓고 친밀하게 지내는 사람이 거의 없을 확률이 매우 높습니다.

이 유형의 경우, 공감 능력이 떨어지는 배우자가 변하는 것은 쉽지 않습니다. 간혹 상담이나 전문가의 중재로 상대에 대한 이해도가 높아질 수는 있으나 극적인 변화를 이끌기 힘듭니다. 자신이 배우자를 힘들게 하고 있다는 자각조차 없는 경우가 대부분이기 때문입니다. 이들에게는 감정을 위로하고 공감해 주는 것 자체가 의미 없는 일처럼 느껴집니다. 공감이라는 영역이 발달하지 않은 세월만큼 이런 태도가 굳어졌을 확률이 높습니다.

이런 경우는 배우자에게 원하는 바를 아주 구체적으로 설명할 필요가 있습니다. 내 마음을 눈치껏 위로해 달라는 것은 이들에게 미로만큼 복잡하고 어렵습니다. 대신 "내가 피곤하다고 할 땐 설거지를 해 줘" "내가 울고 있으면 아무 말 없이 안아 줘" 등과 같이 원하는 행동을 구체적으로 알려 주는 것이 더 효과적입니다.

공감 능력이 정말 현저히 떨어지는 것이 아니라면, 아내가 먼저 남편의 감정을 인정하고 지지하는 감정수용을 보여 주는 것도 좋은 방법입니다. 인간관계는 메아리처럼 내가 외친대로 되돌아오게 되어 있습니다. 오늘 하루, 먼저 공감하면서 남편을 지지해 보세요. 당장은 큰 변화가 느껴지지 않겠지만 남편도 아내의 마음을 읽어 주는 순간이 반드시 옵니다. 하지만 이것마저 현실적으로 불가능하다면 배우자로부터의 감정적 위로나 지지에 대한 기대를 내려놓고 나 자신의 마음을 좀 더 적극적으로 돌보거나 다른 활동을 통해 에너지를 얻는 것 또한 좋은 방법입니다.

둘째, 다른 사람한테는 다정한데 배우자에게만 유독 무심한 사람

이런 경우 공감 능력이 낮다기보다는 배우자와의 관계에서 친밀감이나 애정이 낮은 상태일 가능성이 높습니다. 배우자가 친구도 많고 주변 사람들과 잘 교류하는 사람이기에 가정에서 본인도 비슷한 인정과 애정을 받을 것이라 기대하지만 그 기대가 충족되지 못합니다.

만약 이런 고민을 하고 있다면 배우자와의 평소 대화 방식이 어떤지 되돌아봐야 합니다. 긴밀한 대화가 아니라 비난, 명령, 판단, 비교 하는 대화를 주로 하고 있다면 배우자는 이런 상황을 피하고 싶어 할 것입니다. 또한 서로 무심했던 시간이 길었거나 신뢰를 깨트리는 행동이 반복되었을 확률이 높습니다. 그런 갈등 가운데 해결이나 화해보다는 서로 비난하고 탓하는 싸움만 되풀이한 것이지요. 서로가 서로에게 더 이상 안전하고 편안한 사람이 되어 주지 못하는 것입니다. 이런 관계를 회복하기 위해서는 무엇보다 부부 사이의 친밀감을 높이는 것이 먼저입니다. 그리고 서로 간의 갈등을 해결하고 조율하는 대화법을 훈련해야 합니다.

셋째, 사회적 지위나 경제력을 이용해
배우자를 통제하는 사람

어렸을 때부터 좋은 성적을 받고 좋은 직장에 다니며 경제적으로 부유한 사람들이 있습니다. 이렇게 가족이나 사회로부터 늘 인정받는 사람 중 배우자를 공감하거나 존중하기보다는 단점을 지적해서 고치려고 하거나 가르치려고만 하는 사람들이 있습니다. 이런 유형의 사람들은 부부 갈등이나 문제를 모두 상대의 탓이라 생각하는 경향이 있습니다. 은연중에 자신이 배우자보다 더 우월하다고 생각하기 때문에 배우자의 마음을 헤아리기보다 자신의 말이나 결정을 그대로 따르기를 바라는 것입니다.

인생에 정답이 없는 것처럼 부부 사이에 옳고 그름을 따져서 확실한 답이 나오는 경우는 거의 없습니다. 부부가 함께 살아가며 부딪히게 되는 갈등 대부분은 누군가의 잘못보다는 각자의 믿음, 취향, 가치관, 철학, 습관의 차이로 인해 발생합니다. 그렇기 때문에 이 갈등에 완벽한 정답이나 서로 100퍼센트 만족하는 해결책은 거의 없지요. 가장 현명한 방법은 서로 조금씩 양보하고 배려하면서 조율하는 것입니다. 배우자가 자기주장이 매우 강하다면 융통성이 떨어지고 편협한 사고가 고착화되었을 확률이 높습니다. 이런 경우 배우자에게 자신의 취향이나 생각을 잘 전달해야 합니다. 서로의 의견에 동의하진 않더라도 조율하기 위해 노력하는 것입니다.

대화나 조율이 어렵다면 전문가의 도움, 즉 부부 상담이나 정신건강의학과 상담을 받는 것이 도움이 될 수도 있습니다. 전문가가 제시하는 개인의 독특함과 삶에 대한 다양한 시각과 해석이 시야를 넓혀 줄 수 있기 때문입니다. 그러나 이런 해석과 이해만으로는 부부관계가 달라지지 않습니다. 부부관계의 질은 각자 일상에서 배운 것을 얼마나 실천하고 적용하느냐에 달려 있습니다. 머리로만 이해하고 실천하지 않으면 관계는 절대로 좋아지지 않습니다.

인간관계 상담실

2장

자기 사랑과
자기 존중

모두에게
사랑받을 수는 없다

나는 나의 일을 하고

당신은 당신의 일을 합니다.

내가 이 세상을 살아가는 것은

당신의 기대에 맞추기 위한 것이 아니고,

당신이 이 세상을 살아가는 것도

나의 기대에 맞추기 위한 것이 아닙니다.

나는 나이며, 당신은 당신일 뿐입니다.

어쩌다 우리가 서로를 알게 된다면 참 멋진 일이겠죠.

만약 그렇지 않다 해도, 어쩔 수 없는 일입니다.

－게슈탈트 기도문, 프리츠 펄스Fritz Perls, 게슈탈트 심리 이론 창시자

우리를 힘들게 하는 사람들은 먼 오지에 있는 낯선 이가 아닙니다. 가족, 연인, 직장 동료, 친구 등 매일 얼굴을 마주보고 살아가야 하는, 가까운 사이인 사람들이죠. 우리는 그

들에게 무한한 애정과 인정을 받고 싶고 동시에 개인의 자유와 주체성 또한 유지하고 싶습니다. 그래서 사람과 사람 사이에서의 갈등은 불가피합니다. 사람마다 원하고 바라는 바가 다르기 때문입니다. 그런데 상대의 기준과 기대를 채워야만 사랑받을 수 있다고 생각하면 문제가 생깁니다. 상대가 원하는 것이 내가 원하는 것이 아닐 때가 많고, 또 세상엔 만족을 모르는 사람들이 있기 때문입니다. 그들의 기대를 채우는 것은 밑 빠진 독에 물을 붓는 것과 같습니다. 타인의 기준과 인정으로 내 존재 가치를 판단하는 순간, 우리는 불행해집니다. 늘 타인과 자신을 비교하고 세상과 타인의 기대를 채우기 위해 몸부림쳐야 합니다. 타인의 인정에 한없이 기뻤다가 사랑받지 못한다 느끼면 갑자기 비참해집니다. 나의 에너지와 관심을 타인에게만 집중하기에 늘 지치고 힘들기도 합니다. 하지만 상대는 이런 정성을 몰라줄 때가 더 많지요.

전작 《가족이지만 타인입니다》에서 밝혔듯이 저는 아버지와 갈등이 심했습니다. 오랜 세월 아버지와의 갈등을 해결하지 못했던 이유도 아버지에 대한 이상적인 기대 때문이었습니다. 있는 그대로의 나를 인정해 주고, 자식을 위해 자존심도 굽힐 줄 알고, 돈이나 명예보다 자녀의 마음을 헤아려 주는 이상적인 아버지상을 바랐던 것입니다. 제가 동네방

네 자랑할 수 있는, 공부 잘하고 성공하는 딸이 되기를 기대한 아버지처럼 저도 기대가 있었습니다. 서로를 향한 그 기대가 채워지지 않았기에 갈등이 반복된 것입니다.

　사람은 사회적 동물이기에 타인에게 영향을 받으며 살아갑니다. 사랑받고 인정받으면 안정감과 행복감을 느끼고, 거절이나 미움을 받으면 불안하고 우울해집니다. 그러나 타인과 세상의 기준에 무리하게 맞추려다 보면 자기 자신을 놓치기 십상입니다. 비교, 시기심, 열등감으로 마음고생을 하게 되고, 결국은 관계도 더욱 어려워지지요.

　인간관계는 내 뜻대로 되지 않을 때가 훨씬 더 많습니다. 그렇기 때문에 외부의 관계나 환경에 상관없이 스스로를 돌보고 사랑해야 합니다. 우리는 누군가로부터 이유 없이 사랑을 받기도, 이유 없이 미움을 받기도 합니다. 성격적 결함이나 정서적 결핍이 극심한 사람들을 만나기도 하지요. 자신을 잘 돌보는 사람은 이런 원치 않는 상황에서도 자신을 지킵니다. 항구에 든든히 묶여 있는 배처럼 풍랑에 흔들릴 수는 있어도 절대로 떠내려가지는 않습니다. 자신에게 바람직한 선택과 행동을 하고, 스스로를 다스릴 수 있도록 인간관계에 최선을 다하되 연연하지는 않길 바랍니다. 나를 온전히 이해하고 사랑해 줄 사람은 오직 '나'뿐입니다.

사람들은 놀라울 정도로
나에게 관심이 없다

인간은 본래 선한 존재일까요? 아니면 악한 존재일까요? 저는 이 질문에 '인간은 지극히 본능적인 존재'라고 대답하고 싶습니다. 선과 악은 시대와 문화에 따라 그 기준이 조금씩 다릅니다. 이제 막 태어난 아이들은 선도 모르고 악도 모르지요. 선과 악의 개념을 아직 배우지 못했기 때문입니다. 아기는 배가 고프거나 몸이 불편하면 주변을 의식하지 않고 울음으로 표현합니다. 자기 본능에 충실할 뿐이고 이 본능은 대체로 무척 자기중심적입니다.

인간의 자기중심적 사고는 아이를 키우다 보면 더 자주 발견하게 됩니다. 2~6세 아이들은 자신이 좋아하는 것은 다른 사람들도 좋아할 것이라 생각하는 경향이 있습니다. 자신이 좋아하는 장난감이나 인형을 친구 생일선물로 고르는 식이지요. 이 상태가 지극히 자기중심적 사고에 머물러 있는 수준입니다.

아이가 성장하고 자신과 타인을 구별하게 되면, 다른 사람들의 생각과 취향이 나와 다르다는 것을 인지하기 시작합니다. 내가 좋아하는 것이 아니라 상대가 좋아하는 것을 선물할 줄 알게 되는 것이지요. 그렇지만 성인이 되어도 자기중심적으로 세상을 인식하고 경험하는 경향은 여전히 남아 있습니다. 그래서 때로는 모든 사람이 자신을 쳐다보고 있는 것만 같은 착각이 들기도 합니다. 심리 발달상 우리는 모두 이런 자기중심적 시기를 거칩니다. 유아기를 지나 사춘기가 되면 다시 나타나지요. 사춘기 아이들이 외모에 지나치게 신경 쓰고 또래 그룹과 비슷하게 보이려는 것이 이런 이유에서입니다. 그러다 더 성장하면 내가 세상의 중심이 아님을 알게 됩니다.

성인이 되면서 이타적 사고가 발달하긴 하지만 인간은 여전히 자신에게 제일 관심이 많습니다. 과거에 정말 어처구니없는 실수를 하거나 창피를 당한 경험을 떠올려 보세요. 세월이 오래 흘렀지만 그때 그 장면은 머릿속에서 여전히 생생하게 떠오릅니다. 고통스러울 정도로 말이죠. 반대로 생각해 볼까요? 우리도 누군가의 실수나 황당한 일을 지켜본 경험이 있을 것입니다. 하지만 얼마나 그 사람들을 기억하고 있나요? 시간이 흐르면 그런 일이 있었는지조차 잊고 사는 경우가 대부분입니다. 혹여 그때 그 사건은 기억날지 몰라도 아주 친한 사람이 아닌 이상 그 사람의 외모나 이름 등을 기억하는 일은 드뭅니다. 누군가의 실수나 잘못을 곱씹는 것은 시간과 에너지가 많이 드는 일이기에 우리의 뇌는 타인의 일에 그렇게 정성을 들이지 않습니다. 이런 자기중심성 때문에 같은 경험을 해도 각자의 기억이 다른 것입니다.

　　그러니 누군가에게 잘 보이기 위해서, 혹은 실수하지 않기 위해서 과하게 애쓸 필요가 없습니다. 사람들은 자신, 가까운 사람에게만 관심이 있을 뿐입니다. 설령 누군가 나를 칭찬해도 그 순간일 뿐이고, 비난하고 비웃었다 해도 잠시 잠깐일 뿐입니다. 세월이 지나면 그들의 기억 속에서 나는 사라집니다. 그러니 남들을 과하게 의식하며 살 필요가 없는 것입니다. 비도덕적이거나 무례한 행동이 아니라면, 비겁하지 않고 나를 뿌듯하게 할 선택과 행동을 하면서 살아도 괜찮습니다.

자기 사랑은 결국
'존재로서의 나'를 인정하는 것

자신을 사랑하고 존중하라고 하면 '부족한 것투성이인 나를 어떻게 사랑하나요?'라고 말하는 사람들이 있습니다. 어쩌면 당연한 반응이기도 합니다. 나르시시스트가 아닌 이상, 사람은 자기 자신의 상처, 연약함, 단점을 가장 잘 압니다. 그래서 자신이 전혀 사랑스럽게 느껴지지 않을 때가 더 많습니다. 때문에 스스로 더 훌륭한 사람이 되어야 사랑할 수 있다고 생각하기도 합니다.

하지만 사랑은 바라보기만 해도 설레고 뭐든 다 해 주고 싶은 감정만을 말하는 것이 아닙니다. 의지를 갖고 나와 타인의 성장을 위해 바람직한 선택을 하는 것이 진정한 사랑입니다. 완벽하지 않은 나를 데리고 나답게 잘 살아 보려는 노력, 열등감과 허점투성이인 나를 조금이라도 더 나은 사람으로 성장시키기 위해 애쓰는 모든 노력이 자기 사랑인 것입니다. 자신의 능력과 쓸모만큼 사랑받을 것이라 믿는다면 사회적 기준이나 조건적 애정에 익숙한 사람입니다. 한마디로 '기능하고 있는 나' '쓸모있는 나'에만 초점이 맞춰져 있는 것입니다.

심리학자 칼 융Carl Jung은 이런 '기능하는 나'를 페르소나 persona라고 불렀습니다. 페르소나는 라틴어로 '무대에서 쓰는 가면'이라는 뜻입니다. 인간은 사회적 역할 안에서 각기 다른 가면을 쓰고 그 위치에 맞는 역할을 하며 살아갑니다. 저는 엄마, 아내, 심리 상담가, 학부모, 딸, 며느리, 동생, 손님, 친구, 블로거, 작가 등 다양한 역할을 하면서 살고 있습니다. 이 역할들 속에서 저의 모습이 언제나 한결같지는 않습니다. 페르소나는 내가 어떤 역할을 감당하고 무엇을 하는지에 초점이 맞추어져 있기 때문입니다. 그래서 페르소나는 나의 진짜 자아가 아닙니다. 진짜 자아는 연극 무대를 마치고 분장을 지운 '나'입니다. 숨을 쉬고 살아 있는 나, 있는 그대로 '존재하는 나'인 것이지요.

아이가 태어나면 주변 사람들은 모두 기뻐합니다. 아이가 어떤 능력이나 기능이 뛰어나기 때문에 좋아하는 것은 아니지요. 부모는 "그저 건강하게만 자라다오"라고 외치기도 합니다. 하지만 아이가 중·고등학교에 가서도 공부에는 관심이 하나도 없이 그저 건강하기만 하면 부모의 근심거리가 되고 화를 돋우게 됩니다. 아이를 향한 부모의 시선이 '존재적 자아'에서 '기능적 자아'로 달라지기 때문입니다. 얼마나 공부를 잘하는지, 어떤 재능이 있는지, 어디로 진학해서 어떻게 먹고살지에 대한 이야기만 합니다. 그러다 보니 앞서 언급한 사회적 역할을 제대로 하지 못하면 쓸모없는 것처럼 여기기 시작합니다. 이렇게 사회적 페르소나만 지나치게 강조하는 부모 밑에서 자라는 아이는 많은 심리적 어려움을 겪을 수밖에 없습니다.

안타깝게도 존재적 거부와 방치는 일상에서 생각보다 자주 나타납니다. 가족에게 어떤 식으로든 내 존재 자체로 받아들여진 경험이 없다면 존재적 거부나 방치가 일어난 것입니다. 입양되었거나 고아원에서 자란 성인들이 겪는 심리적 방황 대부분이 어린 시절 부모로부터 버려진 존재적 유기가 원인인 경우가 많습니다. 부모에게조차 버려진 존재라는 사실이 자신의 가치를 한없이 떨어뜨리기 때문입니다.

부모와 함께 살았어도 갈등이나 방치, 조건적 수용에 길든 아이들은 존재적 수용이나 인정 경험이 적습니다. '부모에게 나의 존재가 짐이 되지는 않을까' '언젠가 부모에게 버려지지는 않을까' '나를 더 이상 사랑하지 않으면 어떡하나' 염려하는 아이들은 존재적 안정감을 느끼기 힘듭니다. 어렸

을 적 가정 안에서 존재 자체로서 부족하다는 느낌을 받으며
자랐다면, 아이는 부모가 제시한 기준을 충족하지 못할 때
일어날 거부, 거절, 유기가 두려워집니다. 때문에 부모의 사
랑을 받기 위해 과도하게 애를 쓰거나 자신을 방치하는 사람
으로 성장하게 됩니다.

　　존재하는 자신을 돌보지 못한 사람은 자신의 페르소나
(역할, 능력, 직업)가 사라질 때 삶의 의미까지 상실하기도 합니
다. 살 가치가 없다고 믿는 것입니다. 여전히 살아 숨 쉬는, 무
한한 가능성을 지닌 자기 존재를 보지 못하는 것이지요. 자
기사랑의 시작은 존재만으로도 의미 있는 자신을 발견하는
것입니다. 수십억 인구 중에 나와 똑같은 사람은 없다는 것
을, 나는 실력이나 외모, 능력으로 순위를 매기는 존재가 아
님을 곱씹고 나의 사회적 위치, 직업, 역할이 나의 존엄을 결
정하지 않음을 깨달아야 합니다. 가까운 사람, 심지어 부모
형제조차도 나를 인정해 주거나 존중해 주지 않더라도, 스스
로 나 자신이 소중한 존재라는 것을 받아들일 수 있을 때 자
기애가 자랍니다.

　　우리는 자신의 실력을 증명하고 사회적 역할에 충실하
기 위해 잠을 줄이고 식사도 대충 때우며 바쁘게 살아가고
있습니다. 우울증이나 불안장애 환자들 중 이렇게 존재적 자

아가 방치된 경우가 무척 많습니다. 그래서 그냥 잘 자고, 건 강하게 먹고, 푹 쉬는 것만으로도 증상이 금방 호전되기도 합니다. 나의 기능적 자아가 출중할지언정, 존재적 자아가 공허하다면 절대로 건강할 수 없습니다.

돋보기를 들고
나에게 집중하기

나 자신을 사랑하기 위해 가장 먼저 해야 하는 일은 자신을 관찰하고 관심을 가지는 것입니다. 다른 사람에게 보여 주기 위해 그럴듯하게 포장하고 꾸미는 것이 아닙니다. 나는 누구이며 어떤 사람인지, 무엇을 잘하고 어떤 것에 약한지, 어떤 사람으로 살고 싶은지, 나는 왜 그런 감정을 느끼는지 등 나 자신에게 관심을 가지고 내면을 들여다보는 모든 의지적 행동이 나를 향한 사랑입니다.

진정한 사랑은 사랑하기로 결심한 그 마음을 지키기 위해 의지를 가지고 행동하는 것입니다. 우리가 누군가를 사랑하게 되면 상대에게 집중하고 관심을 쏟습니다. 상대의 모습이 어떠하든지, 내 감정이 어떠하든지 사랑하기로 마음먹었다면 실천하는 것이지요. 나 자신을 사랑하는 것 또한 마찬가지입니다. 이런 시선에서 본다면 우리 주변엔 말로만 사랑하고 행동하지 않는 사람들이 참 많습니다. 연인을 사랑한다고 하지만 요즘 무엇이 연인을 힘들게 하는지, 어떤 삶을 살고 싶어 하는지 잘 모릅니다. 매일 일상을 함께하지만 배우자가 어떤 고민이 있는지, 어떨 때 행복해하고 슬퍼하는지 관심을 가지지 않습니다. 이렇게 서로에게 관심 없는 사랑에 대해 《사랑의 기술》(황운수 옮김, 문예출판사, 2019)을 쓴 에리히 프롬Erich Fromm은 "파괴적"이라고 했습니다.

　친어머니와 의붓아버지에게 심한 아동학대를 받고 부모에게서 격리되어 조부모와 함께 사는 중학생 H를 상담한 적이 있습니다. 심각한 무기력증과 낮은 자존감에 빠져 있었던 H는 지능이 평균 수준임에도 학교 성적이 무척 낮았고, 숙제를 해 가는 일도 드물었습니다. 상담을 해 보니 H가 미술을 무척 좋아한다는 것을 알게 되었습니다. 그런데 학교나 조부모 모두 그것을 모르는 듯했습니다. 그래서 저는 상담 시간 내내 H가 좋아하는 미술 활동을 충분히 할 수 있도록 다양한 재료를 준비해 아이가 창의적으로 완성하는 작품을 격려하고 칭찬했습니다. 그렇게 H와는 그림에 대한 이야기를 주로 했습니다. 그러자 H는 일주일 동안 자신이 집에서 그린 그림을 저에게 가져와 보여 주기 시작했고, 얼마 지나지 않아 'A'가 적힌 꼬깃꼬깃한 시험지를 저에게 보여 주었습니다. H는 조금씩 회복하기 시작했습니다.

자기 사랑은 나에게 정말 필요한 것을 제공해 주는 것입니다. 그러기 위해서는 내면의 돋보기를 들어 나 자신을 비하하거나 과장하지 않고 중립적으로 바라볼 수 있어야 합니다. 고양이인 주제에 스스로를 사자로 착각하는 것은 자기도취입니다. 반대로 고양이임에도 자신이 개미만도 못하다고 믿는 것은 자기 비하입니다. 이런 자기도취나 자기 비하는 자신을 병들게 하고 주변 사람들을 괴롭힐 뿐입니다. 자신이 어떤 사람인지 스스로 관심 있게 바라보는 것이 자기 사랑의 시작입니다.

자기애 vs. 나르시시즘

자기 사랑은 존재적 자신에 대한 인정과 돌봄으로부터 비롯된다고 했습니다. 그런데 이런 자기애의 의미를 나르시시즘과 혼동하기도 합니다. 건강한 방식으로 자기 자신을 아끼는 사람은 다른 사람도 같은 방식으로 존중합니다. '자신만 사랑하는 사람'과 '다른 사람도 사랑할 줄 아는 사람'. 자기애와 나르시시즘의 가장 큰 차이가 바로 이것입니다.

나르시시스트라고 하면 다른 사람을 비하하고 자신만 돋보이려고 할 것 같지만 사실 그렇지 않습니다. 나르시시스트에게서 가장 흔히 보이는 모습은 편애와 차별입니다. 그들은 자신을 칭송하고 지지해 주는 주변인들이 반드시 필요합니다. 자신의 우월함을 자랑할 대상이 필요한 것입니다. 따라서 자신의 말을 잘 따르고 칭송해 주는 사람들에게는 애정과 관심을 보입니다. 하지만 그 목적은 상대를 위하는 것이 아니라 자신이 옳음을 증명하고 돋보이기 위해서입니다.

이런 나르시시스트가 존재하는 직장이나 가정에서 가장 흔히 볼 수 있는 모습이 편을 가르거나 이간질하는 것입니다. 자신이 속한 공동체의 이익이나 안정보다는 자기 편을 만드는 것이 훨씬 더 중요하기 때문입니다. 그래서 자신의 사회적 위치나 권력을 이용해서 상대를 굴복시킵니다. 돈이나 성적으로 자녀를 경쟁하게 하는 부모, 자기 외에는 누구도 만나지 못하게 하는 연인, 자기 편을 들지 않으면 승진이나 고과에서 불이익을 주는 직장상사 등이 전형적인 나르시시스트의 모습입니다.

이런 나르시시스트의 편애를 받은 사람들은 그의 심리적 노예가 되기 쉽습니다. 나에게만 보여 준 관심과 애정이 특별하게 느껴지기 때문입니다. 그러나 나르시시스트들의 애정과 사랑에는 반드시 대가가 있습니다. 그래서 힘들고 불편해져도 벗어나기가 굉장히 어렵습니다.

나르시시스트는 진정한 자아를 만나지 못한 경우가 대부분입니다. 이들 내면에 깊숙이 자리 잡고 있는 초라한 자신을 마주할 용기가 없기 때문이지요. 자신의 진짜 모습을 직면하기가 두려워서 과도하게 포장합니다. 자신의 내면에 존재하는 '사랑받지 못한 아이' '불안하고 겁 많은 아이' '실패가 두려운 아이'를 만나고 싶지 않은 것입니다.

건강한 자기애를 가진 사람은 자신 안에 그런 나약함과 결핍이 있음을 직면하고 인정합니다. 나약하고 부족한 자신을 아끼고 잘 돌보지요. 이들과 함께 있으면 즐겁고 좋은 자극을 받게 됩니다. 서로의 다름을 존중하고 스스로를 아끼며 성장하는 모습이 귀감이 되지요. 그들은 타인에게 자신을 돋보이려고 지나치게 애를 쓰거나 치장을 하지 않습니다. 그렇게 하지 않아도 스스로 자신은 썩 괜찮은 사람이라는 것을 알기 때문입니다. 건강한 자기애를 가진 사람은 절대로 나르시시스트가 될 수 없습니다.

나에게 도움이 되는 진짜 조언은
어떻게 구분하나요?

한때 '트라우마trauma'라는 심리학 용어가 유행하더니 요즘에는 '가스라이팅gaslighting'이라는 용어가 일상에서 자주 등장하고 있습니다. 누군가가 조언이나 충고를 하면 "가스라이팅하는 거냐"고 우스갯소리를 하기도 하지요. 그러나 모든 충고나 조언이 가스라이팅일 리가 없습니다. 사회에서 지켜야 하는 규범이나 도덕, 회사나 학교에서 지켜야 하는 규칙 등을 따르고 좀 더 건설적인 방향으로 나아가도록 조언하고 권면하는 것은 가스라이팅이 아닙니다. 이런 충고나 조언은 꼭 필요한 것이기도 합니다.

가스라이팅은 상대를 교묘하게 조종하여 스스로를 신뢰하지 못하게 만듦으로써 가해자에게 전적으로 의존하게 합니다. 특히 나르시시스트들이 가까운 사람에게 가스라이팅하는 경우가 많지요. 그들은 자신의 통제감, 우월함을 칭송해 줄 사람을 쉽게 찾아냅니다. 그리고 이런 사람들 대부분이 거절을 어려워하고 자기 확신이 적어 타인의 말에 쉽게 현혹됩니다. 가스라이팅은 개인의 은밀한 영역으로 침투합니다. 개인의 취향, 의견, 성향을 조종해 그것을 의심하게 하고 스스로에 대한 신뢰를 잃게 만드는 것입니다. 아주 간단한 예를 들어 볼까요? 짧은 머리를 하고 싶은 여자 친구에게 긴 머리가 어울리니 절대 머리를 자르면 안 된다고 말하는 남자 친구는 나를 사랑하기 때문에 그러는 것 같지만 결론적으로 남자 친구가 원하는 대로 나를 조종하는 것일 뿐입니다. 실제로 가스라이팅은 사랑이라는 이름으로 묶인 가족, 연인 등 가까운 사이에서 자주 일어납니다.

　가스라이팅과 진짜 조언을 분별하기 위해서는 '사랑'의 진정한 의미를 알아야 합니다. 가스라이팅에 쉽게 노출되는 사람들은 의존적인 성향, 애정을 갈구하는 경향이 있습니다. 건강하고 성숙한 사랑 경험이 적기에 "너를 사랑해서" "다 너를 위해서"라는 말을 믿는 것입니다. 그러나 사랑의 가장 큰 속성은 성장이고 존중입니다. 누군가와 함께 있을 때 나다울 수 없고 존중받지 못한다면 그것은 사랑이 아닙니다. 진짜 사랑은 상대의 뜻을 존중하고 배려합니다. 절대 폭력적이지도, 강압적이지도 않습니다. 서로 의견이 다르더라도 상대를 존중하고 인내하며 기다려 주는 것, 상대를 위해 더 많이 참고 인내하고 품어 주는 것이 성숙한 사랑입니다.

　가까운 관계에서 서로를 위해 조언이나 충고는 할 수 있습니다. 건강한 발전과 성장을 위해 필요한 과정이기도 하지요. 건강한 조언이나 충고는 서로의 긍정적 성장을 도모하고 각자를 존중합니다. 상대를 주눅들게 만들지 않습니다. 나아가 관계 안에 자유와 평등이 있습니다. 상대를 고립시키거나 주도권을 빼앗지도 않습니다. 친밀한 관계를 빌미로 협박하거나 강요하지 않습니다.

　사랑이라는 말에 현혹되지 마세요. 사랑한다는 말보다는 내가 얼마나 존중받고 성장하고 있는지를 살펴보아야 합니다. 관계 안에서 점점 내가 힘을 잃어 가고 무기력해지며 자존감이 떨어진다면 그것은 절대 도움이 되는 관계가 아닙니다.

3장

나를 알아야
나의 인간관계도 보인다

감정을 잘 읽는 사람이
행복하다

제가 상담소에서 일을 시작하고 마음을 돌아보는 일을 하게 되면서 가장 많이 배운 것이 감정을 이해하고 다스리는 것입니다. 그래서 상담이나 강연을 할 때 '자신의 감정을 읽어라' '지금 느껴지는 감정을 인정해라' '감정을 흘려보낼 줄 알아야 한다'라는 이야기를 자주 합니다. 말로는 참 쉬운 것 같지만, 사실 감정을 다스리는 것은 참 어렵습니다.

저 또한 심리 상담을 공부하기 전까지 감정에 대해 생각해 본 적이 없었습니다. 요즘은 덜하다고 하지만 우리나라에서는 자신의 감정을 드러내는 것을 부정적으로 생각하는 경향이 있지요. 불편한 감정을 가감 없이 드러내는 사람을 프로 의식이 없는 사람, 문제를 일으키는 사람, 연약한 사람이라 치부하기도 합니다. 감정 대부분은 부정되거나 억압되고, 누군가가 나의 감정을 읽어 주거나 공감해 주는 일이 드뭅니다. 이런 경험이 쌓이면 자신에 대한 확신은 떨어질 수밖에

없습니다. 내가 느끼는 감정이나 생각이 맞는지 늘 고민하게
되는 것입니다.

　게다가 우리는 관계 지향적인 공동체 문화에 익숙합니
다. 내가 속한 공동체의 기대나 수준을 지키고 분란을 만들
지 않는 것이 중요하지요. 그렇다 보니 타인과 사회적 시선
에서 자유롭지 못합니다. 그래서 모두들 '남들 만큼만' 살고
싶다고 외치는 것입니다. 이렇게 나의 시선이 타인을 향해
뻗어 있으면 정작 자신은 돌아보지 못합니다. 나의 취향, 감
정, 생각에 소홀해지고, 일상에서 느끼는 수만 가지 감정을
읽을 줄도, 어떻게 다룰지도 잘 모릅니다. 감정은 그저 불편
할 뿐이기에 마음 한편에 욱여넣거나 외면하는 것입니다.

　더 나아가 자신의 감정을 자세히 들여다볼수록 나약하
고 미성숙한 자아를 보게 됩니다. 나약한 자신을 드러내는
것은 경쟁 사회에서 더욱 위험한 일처럼 느껴지기 때문에 감
정을 드러내는 일이 더 어렵습니다. 요즘 현대인들이 공황장
애, 불안장애, 우울증 등으로 고통받는 것은 어찌 보면 당연
한 결과인지도 모릅니다. 이 모든 심리 문제는 자신의 감정
을 제대로 표현하거나 다스리지 못하는 데서 기인합니다.

　감정을 무조건 외면하는 것도, 감정에 지나치게 휩쓸리
는 것도 좋지 않습니다. 감정을 잘 느끼되 건강하게 표현하

고 다스리는 것이 중요합니다. 밥을 안 먹으면 배가 고프고 잠을 못 자면 피곤한 것처럼, 어떤 상황에서 느끼는 모든 감정은 지극히 당연하고 자연스러운 반응일 뿐입니다.

　그런데 같은 음식을 먹고 같은 영화를 보아도 사람마다 느끼는 감정이 모두 다르지요. 개인의 존재를 다른 사람과 구별 짓는 가장 중요한 요소가 감정입니다. 인간의 유일하고 독특한 성격을 형성하는 데 가장 중요한 역할을 하는 것이지요. 사람마다 좋아하는 것, 싫어하는 것, 두려워하는 것, 행복감을 느끼는 상황이나 요소들이 모두 다른데, 그것을 틀렸다고 생각하면 문제가 발생합니다.

　제 큰 딸은 종종 잠옷 같이 펑퍼짐한 바지에 배꼽 티를 입고 외출을 합니다. 저는 그 옷차림이 마음에 들지 않지만 딸아이는 멋있다고 생각하더군요. 제가 낳았지만 저와 제 딸의 취향은 무척 다릅니다. 이처럼 사람마다 느끼는 감정이 다르기 때문에 개인의 취향이 생기는 것이고, 성격이 다른 것입니다. 따라서 타인의 감정을 존중하는 것이 존재의 존중과 연결됩니다. 자신의 감정을 예민하게 읽어 내고 건강하게 다루는 사람은 타인의 감정도 잘 수용하고 존중할 수 있습니다.

감정,
몸이 먼저 반응한다

제가 미국 대학원에 진학했을 때, 매 학기 첫 수업에는 빈속으로 학교에 갔습니다. 장이 꼬이는 듯 배가 아파서 아예 굶고 가는 것이 훨씬 편했기 때문입니다. 그 당시엔 단순히 어색해서 그런가 보다 했지만 상담을 공부하면서 알게 되었습니다. 심리적으로 불안해지자 몸이 긴장하고, 소화기관도 경직되었던 것입니다. 저처럼 기질적으로 불안이 높은 사람들은 새로운 환경, 낯선 상황에서 트라우마 반응, 경직freeze이 일어날 수 있습니다. 당시 영어도 잘하지 못하던 제가 영어 강의를 들어야 했으니 이는 어쩌면 당연한 반응이지요. 이처럼 감정은 몸이 더 빨리 인지하기도 합니다.

상담을 할 때 상담가가 주의 깊게 보는 것은 내담자의 표정 혹은 자세 변화입니다. 입으로는 거짓을 말할 수 있어도 신체 반응은 거짓말을 하지 못합니다. 우리가 흔히 아는 거짓말 탐지기도 눈에 보이지 않는 심박수, 근육의 긴장 등 신체의 미묘한 변화를 체크해 거짓말을 하는지 확인하는 것입니다. 이렇게 비언어적 표현에는 많은 것이 담겨 있습니다. 그래서 상담가는 내담자의 표정과 자세를 유심히 관찰합니다. 다리를 떨거나 손톱을 물어 뜯는 등 눈빛과 자세의 변화를 살피지요. 내담자 스스로도 알아차리지 못하는 행동의 변화가 때로는 심리적 변화를 가장 명확하게 보여 줍니다.

앞서 감정은 어떤 상황에서 본능적으로 나오는 반응이라고 했습니다. 감정을 조절하고 공포를 학습하고 기억을 관장하는 곳은 뇌의 편도체입니다. 따라서 편도체가 없으면 위험이나 공포를 기억하지 못합니다. 높은 곳에서 조심하지 않으면 떨어져 크게 다칠 확률이 높지요. 뜨거운 불을 보고도 뜨거움 혹은 위험을 느끼지 못한다면 다치거나 죽을 수 있습니다. 그래서 감정을 느끼는 것은 생존을 위해서 반드시 필요합니다. 이것이 몸이 감정에 먼저 반응하는 이유입니다.

우리는 종종 갑자기 얼굴이 확 달아오르거나 심장이 갑자기 빨리 뛰고, 어깨가 뻣뻣해지더니 머리가 아프고, 갑자기 배가 아파 화장실에 들락날락할 때가 있지요. 이런 신체 반응들이 두려움이나 불안에 대한 신체 반응입니다. 극심한 스트레스는 몸의 마비를 일으키기도 합니다. 미처 인지하지 못했지만 불안하고, 불편하고 화가 나는 감정에 이렇게 몸이 먼저 반응합니다.

　요즘 많은 사람이 앓고 있는 공황장애도 미처 생각할 새도 없이 몸이 갑작스럽게 반응하는 것입니다. 갑자기 심장이 빨리 뛰고 숨이 안 쉬어지는 신체 증상 때문에 불안이 극도로 증폭되어 죽음의 공포를 느낍니다. 공황장애의 가장 큰 문제는 실제로 나를 위협하거나 위험한 상황이 아님에도 몸이 과하게 반응하는 것입니다. 마치 뇌에서 오작동이 일어난 것처럼 말이죠.

　자신이 왜 불안한지, 왜 화가 났는지 미처 인지하지 못하더라도, 신체 반응은 감정 변화를 즉각적으로 알려 줍니다. 평소 편안하게 이완된 상태와 그렇지 않은 상태를 알면 내 몸에서 보내는 신호를 알아차려 감정을 인지할 수 있습니다. 갑작스러운 신체 반응이 일어났을 때 '내가 긴장하고 있구나' '내가 화를 참고 있구나' '내가 불안해하고 있구나' 하고 감정을 읽어 낸다면 그 감정이 증폭되지 않습니다.

　감정 조절에는 신체를 완화하고 조절하는 심호흡, 스트레칭이 도움이 됩니다. 심호흡이나 운동은 스트레스를 조절해 주는 역할을 하고, 감정이 증폭되는 것을 막아 줍니다. 이것이 심리 전문가와 정신건강의학과 의사들이 운동을 권장하는 이유입니다.

감정 읽어 주기

아이들을 상담하다 보면 공통적으로 엄마 아빠가 화를 좀 내지 않았으면 좋겠다고 말합니다. 부모들이 모두 자신의 화도 잘 조절하지 못하는 미성숙한 사람들인 걸까요? 아닙니다. 자신의 진짜 감정을 제대로 모르기 때문입니다. 자녀를 향한 걱정, 불안, 실망감, 서운함 등 진짜 감정을 읽어 내지 못하니 제대로 표현하지 못해 화를 내는 것입니다.

　"이렇게 공부를 안 해서 어떡하려고 그래!"라는 말은 "시험이 코앞인 네가 공부에 너무 소홀해서 걱정되고 불안해"라는 말입니다. 또 "엄마 몰래 또 게임했니? 왜 엄마를 화나게 하는 거야!"라는 호통은 "엄마랑 한 약속을 지키지 않아서 너무 속상하다"라는 말입니다. 이렇듯 '화'라는 감정을 차근히 들여다보면 더 복잡하고 다양한 감정이 섞여 있습니다. 이것을 제대로 인지하고 표현하지 못하면 화나 짜증을 내게 되는 것이지요.

감정의 종류는 매우 다양합니다. 그런데 일상생활에서 우리가 사용하는 감정 표현은 매우 한정적입니다. 오늘 하루, 내가 어떤 감정을 느꼈는지 한번 생각해 보세요. 생각나는 감정이 몇 가지 없다면 나의 감정을 딱 그 정도로만 인지하고 있다는 것입니다. 이렇게 스스로 인지하거나 표현하지 못한 감정들은 우리 안에 차곡차곡 쌓여 엉뚱한 곳에서 터지기도 합니다. 그렇기 때문에 감정을 읽기 위해서는 감정을 자세하고 정확하게 표현하는 것이 중요합니다.

우리는 보통 나를 불편하게 하는 감정들을 조절하는 게 중요하다고 생각합니다. 일상에서 느끼는 화, 짜증, 분노, 두려움 같은 감정만 잘 조절하면 아무 문제가 없을 거라 여기지요. 하지만 인간은 부정적인 감정과 긍정적인 감정을 구별하여 느낄 수 없습니다. 긍정적인 감정을 잘 읽어 내지 못하면 부정적인 감정도 읽어 낼 수 없습니다. 따라서 감정을 회피하는 습관은 단순히 불편한 감정만을 회피하는 게 아니라 모든 감정을 억압하게 됩니다. 그러다 보면 결국 모든 감정에 무디어지고 공감 능력이 발달하지 못합니다.

그래서 저는 다양한 관계 문제로 상담실을 찾는 사람들에게 내 감정 읽기가 가장 중요하다고 이야기합니다. 내가 언제 행복하고 언제 불편함을 느끼는지, 왜 그런 감정을 느끼는지 읽어 내는 것이 문제 해결의 시작이자 끝입니다. 그렇게 자신의 감정을 읽어 가다 보면 의외로 문제의 원인이 상대방이 아니라 자신에게 있었음을 깨닫기도 합니다.

요즘 마음을 힘들게 하는 관계 문제가 있다면 그 관계에서 내가 어떤 감정을 느끼고 있는지 시간을 들여 고민해 봐야 합니다. 나의 감정을 들여다보고 그 감정에 명확한 이름을 붙여 보세요. 그리고 그 감정은 언제, 어디서 기인한 것인지 되돌아봅니다. 이렇게 이 감정을 정의하고 원인을 파악해야 내가 원하고 바라는 대로 관계를 이끌어 갈 수 있습니다. 곰곰이 돌아보니 상대에게 보인 반응이 화가 나서가 아니라 불안해서였다면, 그 마음을 솔직하게 표현하면 됩니다. 화가 난 이유가 상대의 잘못 때문이라기보다 몸과 마음이 피곤하고 지쳐서 그런 것이었다면 그것을 해소하는 시간을 가져야 합니다. 이처럼 내 감정의 실체를 알아야 자신과 인간관계를 다루는 데 능숙해집니다.

내 감정을 제대로 파악하기 위해서는 앞서 언급한 것처럼 신체반응을 잘 관찰해야 합니다. 머리가 아프고, 뒷목이 뻣뻣하고, 장이 꼬인 듯 아프고, 한숨을 쉬는 등의 신체 증상은 내가 불편한 감정을 느끼고 있음을 알려 줍니다. 이때 그 감정이 무엇인지 인지하고 더 나아가 내가 평소에 어떤 감정을 자주 느끼는지, 그리고 어떤 상황에서 그런 감정이 드는지 '감정 노트'를 적어 보세요. 하루 동안 느꼈던 감정 변화를 기록해도 좋고, 가볍게 일기 형식으로 자신이 오늘 무슨 일을 했고 어떤 기분을 느꼈는지 써 봐도 좋습니다. 감정 노트에 기록이 차곡차곡 쌓이면 일상에서 느끼는 감정을 기민하게 알 수 있습니다.

좋은 소설책, 영화, 연극 등을 보는 것도 추천합니다. 단, 스토리를 눈으로만 이해하지 않고 등장인물들의 감정선을 섬세하게 읽고 공감해 보아야 합니다. 입체적인 캐릭터의 복잡 미묘한 감정과 그 감정의 원인을 깊게 따라가 보는 경험은 나와 상대방의 감정을 이해하는 데 도움이 됩니다. 좋아하는 소설이나 영화, 연극 속 인물들의 사건과 이야기를 따라가면서 그들의 심리적 변화를 나에게 대입해 보세요. 나는 저런 감정을 느껴 본 적이 있는지, 나라면 어떤 기분이 들지, 어떤 행동과 선택을 할지 등 다양하게 생각하고 상상해 본다면 나와 타인의 마음 또한 입체적으로 이해할 수 있습니다.

감정에도
기본값이 있다

우리 주변에는 조용하고 차분한 내향적인 사람도 있고 발랄하고 에너지 넘치는 외향적인 사람도 있습니다. 남들보다 예민하거나 우울이나 불안, 충동성이 높은 사람도 있지요. 이러한 성격은 유전적으로 타고난 기질에 의해 형성되기도 합니다. 여기에 어린 시절 양육 환경과 부모와의 애착 관계 유형에 따라 이러한 기질이 더욱 강해집니다. 그렇기 때문에 사람마다 주요 감정 혹은 감정의 기본값이 다릅니다.

이 감정의 기본값은 형제나 자매가 있는 사람이라면 더욱 이해하기가 쉽습니다. 같은 부모, 같은 환경에서 자랐어도 형제자매의 성격은 모두 제각각입니다. 동생은 호기심이 많고 긍정적인 반면, 형은 낯을 가리고 신중한 성격인 식이지요. 이렇게 사람마다 타고난 기질이 있습니다. 기질적으로 타고났다고 해서 영영 바꿀 수 없는 것은 아닙니다. 성장은 유전적 소인과 환경적 소인의 상호 작용으로 일어납니다. 그리고 유전적 소인이 있더라도 환경적 영향으로 얼마든지 변화할 수 있습니다.

감정의 기본값이 중요한 이유는 인간의 마음엔 심리적 항상성psychological homeostasis, 즉 심리적 변화가 생기더라도 자신에게 익숙한 모습으로 다시 돌아오려고 하는 성질이 있기 때문입니다. 뇌는 좋은 것을 선택하는 것보다 익숙한 것을 좋아합니다. 그래서 그것이 좋은지 나쁜지에 대한 분별보다 익숙한 것인지 아닌지에 대한 반응을 먼저 합니다. 그리고 의지적으로 노력하지 않는 이상, 나에게 익숙한 것을 선택하려고 합니다. 그래서 우울증에 걸린 사람은 자신도 모르게 그 우울감을 유지하려고 하고, 불안한 사람은 그 불안감을 유지하려고 합니다.

그래서 우울과 불안, 걱정이 감정의 기본값인 사람들은 아무리 좋은 일이 생겨도 걱정을 하고 불안해합니다. 좋은 대학에 가도, 회사에서 승진을 해도, 좋은 사람과 행복한 시간을 가져도 결국 자신의 감정의 기본값으로 되돌아가고 마는 것이지요. 반대의 경우도 마찬가지입니다. 평소 긍정적인 마인드에 회복 탄력성이 좋은 사람은 어렵고 힘든 일이 있어도 그 감정에 오래 머물지 않고 일상을 회복합니다. 그래서 행복한 사람은 계속 행복하고, 불평과 걱정이 많은 사람은 계속 새로운 불평과 걱정거리를 만들며 불행하다고 하는 것입니다.

　　과거 제 감정의 기본값은 긴장과 불안이었습니다. 미국으로 이민을 오고, 남편과 결혼을 하고, 아이를 낳아 평탄한 삶을 살고 있음에도 30대 중반까지 저는 여전히 긴장하고 불안했습니다. 혹시 나쁜 일이 일어나지는 않을까 늘 걱정하면서도 대체 왜 이런 감정이 드는 것인지 이해되지 않았습니다. 하지만 이제는 저의 감정의 기본값이 불안과 걱정이기 때문이라는 것을 압니다.

　　저는 기질적으로 불안이 높은 사람인 데다, 제가 기억하는 어린 시절부터 늘 불안한 마음으로 살았습니다. 정서적으로 지지 받지 못하는 가정환경에서 '엄마 아빠가 또 싸우지는 않을까' '할머니가 또 엄마에게 시비를 걸지는 않을까' '엄마가 집을 나가지는 않을까' '오늘 하루는 아무 일 없이 조용히 넘어갈 수 있을까' 걱정하고 불안해했던 것이 20년이 넘도록 무의식에 남아 있었던 것입니다. 그래서 좋은 일이 있어도 '나한테 이런 좋은 일이 일어날 리 없어' '내가 이런 행복을 누릴 자격이 있나' '두고 봐. 분명 곧 나쁜 일이 일어날 거야' 이런 내면의 목소리가 꽤 오랫동안 저를 괴롭혔습니다. 그래서 기쁜 일도 온전히 기뻐하지 못했습니다. 이런 생각을 저

혼자만 했을 리 없습니다. 저를 포함한 저의 원가족 모두 불안과 걱정이 많은 사람들이었습니다. 긍정적인 면보다 부정적인 면을 확대 해석하는 것에 익숙했던 저희 가족은 서로 걱정과 불안을 키워 주며 함께 살았습니다. 그 부정성과 불안함이 감정의 기본값이었습니다.

인간관계에서 나와 상대의 마음을 파악하는 데 감정의 기본값은 매우 중요한 핵심입니다. 우리 각자의 감정의 기본값이 다 다르기 때문입니다. 타인의 우울이나 불안이 나 때문이라 아니라 그 사람의 감정의 기본값일 수 있다는 것을, 나의 감정도 상대방 때문이 아니라 내 감정의 기본값 때문일 수 있다는 것을 이해하고 나면 관계를 훨씬 더 유연하게 만들어 갈 수 있습니다. 나와 상대의 감정의 기본값을 파악하려면 각자의 기질과 어린 시절 어떤 환경에서 부모와 어떤 영향을 주고받으며 자랐는지 찬찬히 돌아보는 것이 반드시 선행되어야 합니다. 우리는 모두 타고난 기질과 부모의 감정 기본값에 영향을 받으며 성장했기 때문입니다. 감정의 기본값은 타고나는 기질이나 어린 시절 부모의 영향을 많이 받는다고 했지만, 내 감정의 기본값을 제대로 알고 나면 원하는 방향으로 바꿀 수 있습니다.

미국에 정착하고 세월이 한참 흐른 어느 날, 문득 제 감정의 기본값이 달라졌다는 것을 깨달았습니다. 그리고 이 감정의 기본값이 달라진 결정적 계기나 사건이 무엇일지 곰곰 생각해 보았습니다. 하지만 그런 것은 없었습니다. 큰 깨달음을 준 은인을 만난 것도 아니고, 복권에 당첨되어 갑자기 큰돈을 벌지도 않았으며, 마음 같지 않던 아이들이 갑자기 천사처럼 변하지도 않았습니다. 그렇다면 저의 감정의 기본값을 바꾼 것은 무엇이었을까요? 가장 크게 달라진 것은 매일 제가 만나는 사람, 하는 행동, 가는 곳이었습니다. 저에게 주는 인풋input, 즉 일상이 바뀐 것입니다.

　　저는 원가족과 멀리 떨어져 미국에서 이민자로 살면서 이전과는 완전히 다른 환경과 사람들 가운데 놓였습니다. 비교와 경쟁이 심한 한국 사회, 정서적 지지가 부족했던 원가족에서 벗어나 서로를 존중하고 자유와 개성을 중시하는 미국에 정착하며 저의 많은 것이 바뀌었습니다. 천성이 유쾌하고 긍정적이며 에너지 넘치는 남편을 만나 작은 일에도 전전긍긍하며 불안해하던 저도 긍정적인 시선을 가지게 되었고, 저에게 좋은 영향을 주는 사람들과 교제하고, 책을 읽으며 일상의 작은 변화를 쌓아 갔습니다. 이런 의식적 노력이 쌓이면 감정의 기본값이 달라집니다. 이처럼 나를 변화시키고 싶을 때는 나의 불안이나 우울을 자극하는 관계, 장소, 일 등

환경을 바꾸는 것, 즉 나에게 좋은 인풋을 꾸준히 주는 것이 효과적입니다.

　《우울할 땐 뇌 과학》(정지인 옮김, 심심, 2018)의 저자인 뇌과학자 앨릭스 코브Alex Korb는 "뇌는 때로는 개와 같다"고 이야기했습니다. 개가 훈련한 만큼 길들듯이, 인간의 뇌도 배우고 훈련하는 만큼 달라진다는 것입니다. 스스로 아무 노력도 하지 않고 아무것도 배우지 않는다면, 변화는 좀처럼 일어나지 않습니다. 부정적인 감정의 기본값을 바꾸기 위해 노력해야 하는 가장 큰 이유는 그것이 삶의 질을 결정하기 때문입니다. 불평만 하는 사람은 계속 불평할 일이 보이고, 행복한 사람은 행복할 일을 찾아가게 됩니다. 그래서 내 인생의 한 방보다는 오늘 하루가 더 중요합니다. 오늘 하루의 감정 습관이 내일, 한 달 후, 1년 후의 나를 만들어 갈 것이기 때문입니다.

모든 감정은 옳지만
모든 행동이 옳지는 않다

우리는 종종 감정적인 사람을 부정적인 시각으로 바라봅니다. 그 이유는 감정과 행동을 혼동하기 때문입니다. 감정에 휩쓸린 사람은 잘못된 선택과 행동을 하기 쉽습니다. 욱해서 상대에게 소리를 지르고, 스트레스를 푼다며 폭풍 쇼핑을 하고, 배우자를 두고 다른 사람과 사랑에 빠지는 것이 모두 잘못된 감정 때문인 것처럼 보입니다.

그러나 감정과 행동은 분리해서 바라봐야 합니다. 감정을 잘 다스린다는 것은 감정을 표현하지 않는 무덤덤함을 의미하는 것이 아닙니다. 혼란스럽고 힘든 감정을 느껴도 올바른 행동을 선택하는 것입니다. 감정과 상관없이 자신의 행동에 책임지는 것입니다. 화가 날 만한 상황에서 화가 나는 것은 자연스러운 감정입니다. 그러나 화가 났다고 해서 누군가에게 상처가 될 만한 말이나 행동을 하는 것은 무책임한 행동이지요. 회사 일이 뜻대로 풀리지 않을 때 스트레스를 받는 것은 자연스러운 감정이지만, 그렇다고 해서 매일같이 폭음하거나 죄 없는 직원에게 화풀이하는 것은 절대로 좋은 선택일 수 없습니다.

요즘 뉴스에서 심심치 않게 접할 수 있는 '묻지마 범죄'나 '직장 내 갑질'을 저지른 가해자들을 보면 분하고 화가 나는 이유가 있었다고 변명을 합니다. 그것이 마치 자신의 나쁜 행동을 정당화한다는 듯이 말이죠. 하지만 우리는 그 변명이 전혀 말이 되지 않는다는 것을 압니다. 사회적 규범과 예의의 범주에서 벗어난 행동이기 때문입니다. 멀리 가지 않고, 우리 주변의 친구나 가족, 연인 관계에서도 마찬가지입니다. 상처 주는 말이나 행동을 한 후 가장 흔하게 하는 말이 "너 때문에 화가 나서 어쩔 수 없었다"입니다. 자신이 느낀 감정이 모든 행동의 근거가 되거나 그것을 정당화할 수 없습니다. 감정과 행동은 분명히 다른 것이고, 행동에는 반드시 책임이 따릅니다.

가까운 관계일수록 서로 간의 믿음과 신뢰가 중요합니다. 이 믿음과 신뢰를 바탕으로 관계가 성장하고 단단해지지요. 감정과 상관없이 자신의 행동에 책임질 수 있도록, 느껴지는 감정에 솔직하되 그것을 잘 읽어 내고 현명하게 행동해야 합니다.

감정, 생각, 행동 구분하기

앞서 감정과 행동, 생각을 구분하는 것의 중요성에 관해 이야기했습니다. 실제로 상담실에서는 감정과 생각, 행동을 구분하는 심리 치료 방법을 흔히 사용합니다.

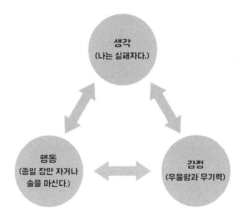

미국의 정신건강의학과 의사인 에런 백Aaron Beck은 현재 가장 흔하게 사용되는 심리 치료법 중 하나인 인지 행동 치

료, CBTCognitive Behavior Therapy를 고안했습니다. 인지 행동 이론에서는 정신질환의 주원인을 개인의 비합리적이고 부정적인 사고방식과 행동 습관이라고 생각합니다. 그래서 긍정적 생각과 행동의 변화를 중요시합니다. 치료의 가장 첫 번째 단계는 감정, 생각, 행동을 분리하는 훈련입니다. 감정과 생각, 행동은 서로 무척 긴밀하게 영향을 주고받습니다. 생각이 감정과 행동을 일으키기도 하고, 행동이 생각과 감정을 바꾸기도 합니다.

- '지금 너무 화가 나!' (감정)
☞ '이건 다 너 때문이야.' (생각)
☞ 상대에게 소리를 지른다. (행동)

- 햇빛을 받으며 산책하기 (행동)
☞ '산책을 나오니 상쾌하고 따뜻하구나.' (감정)
☞ '오늘 우울하고 힘들었던 나에게 좋은 일을 했다.' (긍정적인 생각)

이처럼 나의 감정과 생각 그리고 행동이 서로 크나큰 영향을 주고받는다는 것만 알아도 행동을 선택할 때 조심할 수 있습니다. 예를 들어 다이어트에 번번이 실패한다면 자책하는 대신, 음식을 먹는 행동 이전의 나의 감정을 인지하는 것이 도움이 됩니다. 배가 고프지 않은데도 음식을 찾는다면 공허함, 스트레스, 외로움 같은 감정적인 이유일 수 있습니다. 따라서 음식이 당길 때 내가 어떤 감정을 느끼고 있는지 인지할 수만 있어도 악순환의 고리를 끊는 데 도움이 됩니다. 이렇게 원인을 파악했다면 운동이나 취미활동, 좋은 지인과의 만남 등을 통해 그 감정을 해소하면 됩니다. 살다 보면 짜증 나고 화나는 일, 억울하고 분한 일, 불안하고 걱정되는 일을 맞닥뜨릴 수밖에 없습니다. 그 감정을 있는 그대로 다 분출하는 것도, 무조건 참고 억압하는 것도 건강한 방법이 아닙니다.

감정은 자연스러운 반응이다 보니 의지적으로 바꾸기가 쉽지 않습니다. 따라서 "그만 화내" "그만 슬퍼해"라는 말은 사실상 아무 도움이 되지 않습니다. 그런데 생각과 행동은 바꿀 수 있습니다. 예를 들어 연락이 닿지 않는 가족이나 연인 때문에 화가 난다고 가정해 보겠습니다. '왜 답장을 안해? 나를 무시하는 거야? 나는 안중에도 없는 거야?'라는 생각이 들면 금세 화가 나고 서운해지지요. 이때 '바쁜 일이 있나 보다' '핸드폰 확인이 어려운가 보다'라고 생각을 바꾸면

화가 났던 마음이 사그라듭니다. 핸드폰만 뚫어져라 쳐다보지 않고 다른 일을 찾아서 몰입하다 보면 서운한 감정도 어느새 잊게 되고요.

감정은 생각뿐만 아니라 행동으로도 다스릴 수 있습니다. 무기력하고 자신감이 낮아질 때 일단 작은 행동부터 시작해 보세요. 의지가 생기고 동기나 목표가 정해질 때까지 기다리다가는 아무것도 할 수 없습니다. 일어나 이부자리 개기, 책상 정리하기 등 아주 사소한 일이라도 좋으니 일단 시작해 보는 것입니다.

사람은 아무것도 하고 있지 않으면 부정적인 감정과 사고에 빠질 확률이 높습니다. 사소한 일이라도 움직이다 보면 주의가 전환되고, 부정적 감정에서 빠져나오는 데 도움이 됩니다. 작은 성취감을 느끼며 긍정적인 생각을 할 수도 있고요. 이처럼 일상에서 긍정적인 생각과 행동을 선택하기 위해 노력해야 합니다.

요즘 매일 아이에게 욱하고 나중에 후회해요.
어떻게 화를 조절해야 할까요?

인간관계 상담실

육아를 하는 부모들이 가장 어려워하는 것이 감정 조절입니다. 잘 참다가도 갑자기 욱할 때가 참 많지요. 아이에게 화가 나는 것은 자연스러운 감정이지만 소리를 지르거나 부정적인 말을 하는 것이 문제입니다. 그렇다면 욱하는 부모들이 과연 정말 나쁜 부모일까요? 그렇지 않습니다. 평소에 아이들을 살뜰히 챙기는 좋은 부모들이지요. 하는 일도 많고 챙겨야 할 것도 많은, 한마디로 바쁜 부모입니다. 요즘따라 아이에게 부쩍 화를 내는 일이 잦다면 스스로 얼마나 힘들고 지쳤는지, 자신의 에너지를 다 써 버리지는 않았는지 한번 되돌아보세요. 잘 먹고 잘 자고 있지 않다면 우리의 뇌는 점점 스트레스에 예민해집니다. 그래서 작은 일에도 감정이 폭발하는 것이지요. 그 화는 가장 힘없고 약한, 아이들에게 향합니다.

감정 조절을 잘하고 싶다면 먼저 삶의 우선순위를 정해야 합니다. 맞벌이 부모가 아이를 키우면서 매일 아이의 공부를 챙기고, 끼니마다 요리해 집밥을 차리고, 깨끗하게 집을 청소할 수 있을까요? 이 모든 것을 완벽하게 해내는 것은 불가능할 것입니다. 그러니 지금 내 상황에서 가장 중요한 것은 무엇인지 찾아야 합니다. 그리고 지금 당장 중요하지 않은 것들은 과감히 포기하는 용기가 필요합니다. 삶의 우선순위를 분명하게 설정하지 않고 주어진 것을 다 잘해 보려는 열정만 가득하다면 감정을 다스리는 것이 어려워집니다. 우리의 신체적·심리적 에너지에도 한계가 있다는 것을 인지하고, 나 자신을 방치하지 말아야 합니다. 자신의 에너지가 한계에 다다랐을 때 재충전하는 나만의 방법을 만들어 보세요.

감정 조절을 잘하는 사람은 심리적으로 안정된 사람입니다. 이는 그 사람의 일상에 아무 고난이나 역경이 없다는 것이 아닙니다. 환경에 상관없이 스스로를 다스릴 줄 안다는 것입니다. 스스로를 다스린다는 것은 자신의 능력과 한계를 알고 적절한 선택과 포기를 함으로써 에너지를 적절한 수준으로 유지하는 것입니다. 그렇기 때문에 인생의 우선순위를 정립하는 것이 중요합니다. 무엇을 선택하고 무엇을 포기해야 할지 보여 주는 기준이 되기 때문입니다. 화를 내는 엄마가 되고 싶지 않다면 우선 내 삶에서 포기해야 할 것이 무엇인지를 찾아서 자신을 위한 시간을 만들고, 나만의 재충전 방법을 찾아야 합니다. 이렇게 자신을 잘 이해하고 나만의 시간을 보내면 감정 조절에 도움이 됩니다.

에너지가 소진된 것이 아님에도 감정 조절이 힘들다면 습관적으로 감정을 억압했을 확률이 높습니다. 스스로의 감정을 읽거나 표현하는 것이 어려워 '일단 참고 넘어가자'고 마음먹는 것입니다. 이 일로 인해 더 큰 문제나 갈등이 생기길 원치 않기 때문입니다. 그러나 부부간의 사소한 말다툼, 직장에서 맡은 일에 대한 걱정, 다른 사람들과의 비교로 인한 자책이나 열등감, 아이들과의 마찰과 갈등이 차곡차곡 쌓이다가 마침내 사소한 일로 터지고 맙니다. 자잘한 감정들이 제때 해소되지 못했기 때문에 나중에 한꺼번에 터지는 것입니다. 이렇게 폭발한 화 안에는 다양한 감정들이 쌓여 있습니다. 결과적으로 나타나는 모습은 화나 분노지만, 그 안에는 피곤함, 서운함, 섭섭함, 두려움, 걱정, 불안함, 우울함 등 아주 다양한 감정들이 섞여 있지요. 이 다양한 감정들을 해소하지 못하고 참기만 한 것입니다.

갑자기 욱하고 싶지 않다면 시시각각 느끼는 자신의 감정을 인정하고 흘려보낼 수 있어야 합니다. 감정을 억지로 참고 부정하는 것은 끓는 냄비의 뚜껑을 억지로 닫고 있는 것과 같습니다. 내용물이 반드시 넘치게 되어 있지요. 그러니 자신이 느끼는 진짜 감정을 읽을 수 있어야 합니다. 내가 느끼는 그 감정을 부정하지 말고 인정해 주세요. 그리고 주변에 믿을 만한 사람들과 그 감정을 나누고 공감을 받는다면 그 감정은 쌓이지 않고 해소됩니다.

2부

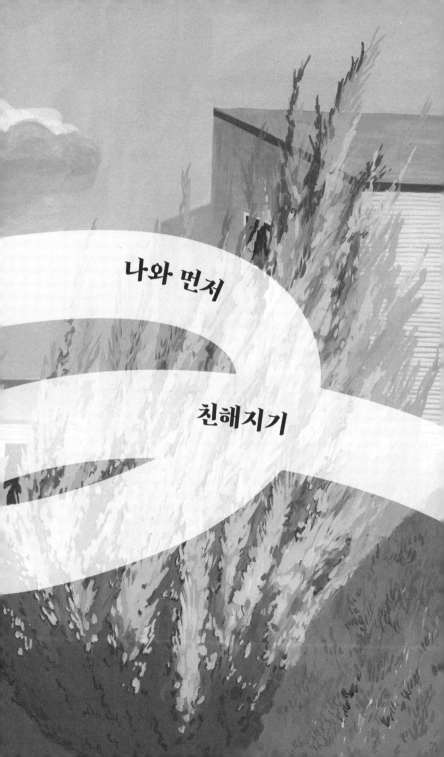

나와 먼저

친해지기

4장

나를 알아 가기

솔직해져도 괜찮아

"엄마가 되어서 이런 생각해도 될까요?"

"나는 이제 다 컸는데 왜 아직도 이렇게 인정받고 싶을까요?"

상담을 하면서 자신의 생각이나 감정에 확신을 갖지 못하는 사람을 자주 만납니다. 누군가의 동의나 조언이 있어야만 마음이 편해지지요. 우리나라는 아직까지 개인의 감정, 생각, 의견을 솔직하게 표현하는 것이 부정적으로 받아들여질 때가 많습니다. 가정이나 사회에서 솔직한 내 감정이나 생각을 드러냈다가는 질타를 받기도 하지요.

이 때문에 우리나라에서 가장 흔한 거짓말이 '괜찮다'라는 말이 된 것은 아닐까 싶습니다. 사실 전혀 괜찮지 않으면서도 상대를 너무 배려하느라, 나의 연약함이 드러날까봐, 깊은 내면을 직면하는 게 어려워서, 상대와 싸우게 될까봐다들 '괜찮다'고 이야기하는지도 모르겠습니다. 그러나 이런 솔직하지 못한 태도는 개인의 마음을 병들게 하고 또 관계를 어렵게 합니다.

　자신을 알아 가는 데 가장 먼저 필요한 것은 자신에게 솔직해지는 것입니다. 느끼는 감정이나 떠오르는 생각을 억압 또는 거부하지 않는 훈련이 필요합니다. 타인의 의견이나 판단에 상관없이 자신의 감정이나 생각을 솔직히 느껴야 내 안에 숨기고 싶은 모습, 자신도 몰랐던 모습을 마주할 용기도 생깁니다. 깊은 내면의 나의 진짜 모습은 생각한 것보다 훨씬 더 나약하고 초라할 수 있습니다. 그럼에도 불구하고 그런 나를 데리고 잘 살고 싶다는 용기를 가지는 것입니다. 그때 회복이 일어납니다.

　스탠퍼드대학교 의과대학 중독치료센터를 맡고 있는 정신과 의사 애나 램키Anna Lemke는 자신의 저서, 《도파민네이션》(김두완 옮김, 흐름출판, 2023)에서 결과에 상관없이 자신을 드러내는 솔직함은 우리의 삶과 뇌를 더 건강하게 해 준다고 했습니다. 자신의 행동을 의식하고 그 행동을 이해함으로써 더 건강해진다는 것입니다. 더 나아가 관계도 돈독하게 다져 줍니다. 나의 취약성을 드러냈을 때 그것을 공격하는 사람보다는 오히려 공감하고 동질감을 느끼는 사람들이 더 많습니다. 인간은 누구나 불안정하고 연약한 존재이기 때문이지요.

그래서 더 큰 정서적 지지를 받을 수 있습니다. 자신과 타인에게 솔직하기로 결심하는 것이 마음과 관계 회복의 핵심 요소입니다.

전작 《가족이지만 타인입니다》에서 제가 어린 딸아이에게 느꼈던 감정이 '질투심'이었다고 고백했을 때, 독자들의 반응이 참으로 다양했습니다. 어떻게 딸에게 질투심을 느낄 수 있느냐고 말하는 독자들도 있었고, 자신이 평소 아이에게 느꼈던 불편한 감정이 질투심이었다는 것을 깨달았다는 독자들도 있었습니다. 저 또한 고작 네댓 살인 딸에게 느꼈던 불편한 감정이 질투심이었다는 것을 깨닫고 솔직히 무척 충격적이었습니다. '어떻게 엄마라는 사람이 딸을 사랑하지는 못할 망정 질투심을 느낄까?' 스스로 한심하고 엄마답지 못하다 느꼈습니다. 어른인 척하며 살았지만 아직도 자라지 못한 어린아이 같은 마음이 있었다는 것을 알게 되자 불편하고 초라한 기분이었습니다.

하지만 그 감정을 직면하고 나서 더 이상 질투심에 사로잡히지 않을 수 있었습니다. '아, 어린 시절의 결핍이 여전히 내 안에 남아 있구나. 그래서 딸을 사랑스럽게 바라보지 못했구나'를 인정하자, 그 질투심으로부터 자유로워질 수 있었습니다. 결핍이 많은 저를 받아들였을 때 비로소 딸아이를 질투심 가득한 눈으로 바라보지 않게 된 것입니다.

자신을 알아 간다는 것은 내면을 깊숙이 들여다봐야 하는 일입니다. 그래서 절대로 단기간에 다 알 수는 없습니다. 양파처럼 계속 새로운 모습을 보게 될 것입니다. 깊이 들여다볼수록 욕심 많고 이기적이고 이중적인, 그리고 연약한 자아를 만날 수밖에 없습니다. 게다가 나도 몰랐던 결핍이나 상처를 마주하는 것은 늘 괴롭지요. 생각보다 멋지지 않은 진짜 자신을 마주할 용기가 있어야 치유와 성장이 일어날 수 있습니다.

상담은 내담자가 자신의 진짜 마음과 자아를 알아 갈 수 있도록 도와주는 과정입니다. 내담자들이 가장 흔히 보이는 심리적 방어기제가 자신의 결핍이나 현실을 회피하거나 부정하는 것입니다. 자신을 제대로 직면하는 것이 너무나 아프고 괴롭기 때문입니다. 상담 치료의 핵심은 내담자의 이 방어기제를 어떻게 무너뜨리는지에 있습니다. 내담자가 자신을 솔직하게 느끼고 표현하지 못한다면 심리치료는 진전이 없습니다. 진정한 치유를 바란다면 가장 먼저 자신에게 솔직해져야 합니다. 어떤 모습이 보이더라도 있는 그대로의 나 자신을 안아 줄 용기를 가지세요. 거기서부터 치유가 시작됩니다.

자기 객관화:
나를 찬찬히 관찰해 보기

"혈액형이 어떻게 되세요?"

"MBTI가 어떻게 되세요?"

요즘 사람들이 모이는 곳에 가면 자주 나오는 질문입니다. 전 세계적으로 이렇게 혈액형과 MBTI에 관심이 많은 나라는 우리나라가 유일한 듯싶습니다. 혈액형이나 MBTI 성격검사가 유행하는 것도 자신과 타인을 쉽게 알고 싶은 마음이 큰 이유인 것 같습니다. 빠르고 효율적인 것을 추구하는 우리나라 사람들답게 몇 가지 질문만으로 간단하고 쉽게 나와 타인을 파악하고 싶은 것은 아닐까요?

이런 성격검사보다 더 확실하게 자신을 아는 방법은 스스로를 잘 관찰하는 것입니다. 명상의 기본도 자신의 신체와 감정에 즉각적으로 반응하지 않고 제삼자의 시선으로 관찰하는 것이 핵심입니다. 타인을 바라보듯 자신을 보는 것입니다. 이렇게 자신을 주의 깊게 관찰하다 보면 행동이나 생각의 패턴이 보이기 시작합니다. 그러면 나의 생각과 행동의 원인을 찾을 수 있게 됩니다.

'관찰'이란 나의 생각이나 예측을 빼고 있는 그대로의 행동, 느껴지는 감정 그대로 서술하는 것입니다. 예를 들어 놀이터에서 공을 가지고 노는 아이를 보고 공을 좋아하는 아이일 것이라고 해석하는 것은 관찰이 아닙니다. 관찰은 생각이나 감정을 배제하고 '아이가 공을 발로 찬다' '웃는다' '공을 따라 뛴다'라고 보이는 대로 인식하는 것이지요.

그림은 관찰력을 키우는 데 도움을 줍니다. 흔히 그림 실력은 손재주라고 생각하지만, 그림은 눈으로 그린다고 해도 과언이 아닙니다. 우리가 그냥 회색으로 보는 그림자 안에도 사실은 차가운 회색과 따뜻한 회색이 있습니다. 이처럼 관찰을 하면 더 많은 것이 보이기 시작합니다. 그림뿐만 아니라 운동, 악기 연주, 글쓰기, 댄스 등 일상에서 예술적 활동을 꾸준히 하는 것은 관찰력을 키우는 좋은 방법입니다.

관찰은 대상에 대한 관심에서 시작됩니다. 같은 길을 걸어도 술을 좋아하는 사람들은 술집만 보고, 임산부는 아이들과 유모차를 봅니다. 이렇듯 개인의 상황, 관심사에 따라 바라보는 것은 매우 다릅니다. 주의를 기울이고 관찰한다는 것은 에너지를 많이 소모하는 일이지요. 그래서 관심을 가지고 집중해서 들여다보면 애착이 생길 수밖에 없습니다.

남아프리카의 바다를 헤엄치던 영화감독, 크레이그 포스터Craig Foster는 바닷속에서 만난 작은 문어를 1년 동안 관찰하며 특별한 관계를 맺는 과정을 카메라에 담아 <나의 문어 선생님My Octopus Teacher>이라는 다큐멘터리를 제작합니다. 문어에 전혀 관심 없었던 사람들도 이 다큐를 보면 문어가 달리 보이기 시작합니다. 매일 주인공이 다이빙을 하며 관찰한 카메라 속 문어는 우리의 상상과는 너무 다르기 때문입니다. 지혜롭고 영특하고 용감해서 저절로 응원을 하게 됩니다. 주인공도 그런 문어를 보면서 삶의 활력을 다시 찾고 일상을 회복합니다. 이것이 관찰과 관심의 힘입니다.

자신을 제대로 사랑하고 싶다면 먼저 자신을 찬찬히 관찰하고, 습관적으로 하던 생각과 행동을 제삼자의 눈으로 바라보며 왜 그런 생각과 언행을 했는지 고민해 보기 바랍니다. 아마도 스스로를 너무 모르고 살았다고 느낄 수 있습니다. 그것은 나에게 관심을 주거나 사랑해 주지 못했다는 말이기도 합니다. 관찰을 하다 보면 자신 안에 숨겨진 사랑스러움이나 기특한 면을 발견할 수도 있습니다. 이렇게 자신에 대한 이해가 높아지면 자신을 더욱 사랑하게 될 것입니다.

내가 좋아하는 것과
싫어하는 것은 무엇일까?

"일주일 동안 자신이 좋아하는 것과 싫어하는 것을 아주 구체적으로 적어 보세요. 오늘 숙제입니다."

"이런 질문 처음 받아 봐요."

"살면서 한번도 생각해 본 적이 없는 것 같아요."

미국에 사는 한국인 이민자 어머니들을 대상으로 5~6주 동안 마음공부 수업을 진행한 적이 있습니다. 첫 시간에 일주일 동안 자신이 좋아하는 것과 싫어하는 것을 아주 구체적으로 찾아서 적어 올 것을 당부했지요. 어머니들은 당황했습니다. 이 숙제가 인간관계나 마음관리와 어떤 관련이 있다는 건지 고개를 갸웃했습니다.

일주일 후에 만난 어머니들은 다양한 반응을 보였습니다. 자신에 대해 이렇게 진지하게 생각해 볼 시간을 만들어 주어서 좋았다고, 싫어하는 것과 좋아하는 것을 적어 보는 것만으로도 기분이 좋아졌다고 하는 어머니들이 있는 반면, 한 번도 해 보지 않았던 것이라 힘들었다고 이야기하는 어머니도 있었습니다. 그동안 자신에 대해 너무 무지했다는 걸 깨달았다면서요. 이런 데이터를 기반으로 마음공부와 인간관계 공부가 시작됩니다. 자신의 마음도 모르는데 다른 이의 마음을 알 수는 없기 때문이지요.

저에게 상담이나 마음공부를 신청하는 사람들은 부부나 자녀와의 관계에서 겪는 갈등 혹은 이유 모를 우울감과 불안 때문에 저를 찾아옵니다. 명쾌한 답을 얻을 수 있을 거란 기대로요. 염증엔 항생제가 특효인 것처럼 우울증이나 불안장애 혹은 갈등에 확실한 명약이 있으리라 믿습니다. 그러나 안타깝게도 이런 증상을 한 번에 씻은 듯이 낫게 해 주는 약은 없습니다.

우리는 모두 특별하고 유일무이한 존재입니다. 각자의 기질, 자라온 환경, 마음과 생각, 감정이 모두 다르기 때문에 이에 따라 처방도 모두 다를 수밖에 없습니다. 따라서 자신의 인간관계가 왜 어려운지, 왜 마음이 힘든지 스스로 찾아내야 하고 해결 방법도 스스로 실천해야 치유가 됩니다. 심리 상담가는 자신의 진짜 마음을 읽는 방법과 자신을 알아가는 길을 알려 줄 뿐입니다. 심리 상담을 받아도 변화를 거부하고 방어적 태도를 보인다면 회복이나 치유는 일어나지 않습니다.

　자기 자신을 알아 가는 가장 좋은 방법은 좋아하는 것과 싫어하는 것을 최대한 많이 찾아보는 것입니다. 좋아하는 것은 나에게 행복감, 편안함, 만족감, 성취감 등을 주는 것입니다. 싫어하는 것은 불안, 우울, 당황, 분노, 두려움을 느끼게 하는 것입니다. 아주 사소한 것이라도 적어 보세요. 그 안에서 공통적으로 보이는 것들이 자신의 성향이나 취향입니다.

　이렇게 잘 관찰하다 보면 자신의 상태도 객관적으로 보이기 시작합니다. 자신은 싫어하는 건 무척 많은데, 좋아하는 일이 고작 유튜브를 보거나 단 음식을 먹는 것뿐이라고 말하는 분도 있었습니다. 관찰을 하다 보면 이렇게 자신을 오랫동안 방치했다는 것도 알게 됩니다. 스스로 미처 인지하지 못했던 현실을 객관적으로 바라봄으로써 앞으로 자신을 위해 조금이나마 좋은 선택을 할 수 있게 되는 것입니다. 그렇게 일상을 조금씩 긍정적으로 바꾸어 가는 것이 마음이 건강해지는 길입니다.

　사는 게 너무 바빠서 자신에 대해 생각해 볼 시간이 부족해 무엇을 좋아하고 싫어하는지 가늠하기 어렵다면 어린 시절을 생각해 보는 것이 도움이 됩니다. 어린 시절의 나는 무엇을 좋아하고 싫어했는지 회상해 보세요. 무엇을 자주 하고 놀았는지, 어떤 놀이를 할 때가 가장 행복했는지, 가장 좋아했거나 어려워했던 과목은 무엇인지 등 여러 기억을 되살려 보는 것입니다. 사람의 기질이나 성향은 잘 바뀌지 않아서 어릴 때의 성향이 성인이 되어서도 남아 있는 경우가 흔합니다. 근심 걱정 없이 순수했던 어린아이의 모습이 여전히 우리 안에 있습니다. 그 아이를 다시 돌아보면 자신의 진정한 모습을 찾을 수도 있습니다.

이런 데이터가 쌓일수록 나 자신을 다스리기 쉬워집니다. 좋아하는 활동이나 행복한 순간은 우리에게 에너지를 줍니다. 무엇이 나를 즐겁게 하는지 알고 있어야 지치고 힘이 들 때 무엇을 해야 할지 보입니다. 내향적인 사람들은 온전히 혼자만의 시간을 보내고 외향적인 사람들은 사람들을 만나고 여행을 가며 에너지를 충전하는 것처럼, 사람마다 쉬는 방법도 행복한 순간도 다릅니다. 좋아하는 것을 하다 보면 그것이 자신만의 특별한 강점이 되기도 합니다. 노래, 운동, 요리 어떤 것이라도 괜찮습니다. 이 강점들이 나만의 특별한 매력이 될 것입니다.

싫어하는 것을 찾다 보면 나의 취약점을 알게 됩니다. 무언가를 싫어하는 이유는 그것이 나를 불안하고 불편하게 하기 때문입니다. 인생이라는 여정에서 우리는 꽤 자주 하기 싫은 일, 무섭고 겁나지만 해야만 하는 일을 맞닥뜨리게 됩니다. 원치 않는 사건과 사고도 겪지요. 그럴 때마다 피하거나 도망칠 수는 없습니다. 다만 나의 강점과 약점을 잘 아는 사람이라면 준비하고 맞닥뜨릴 수 있습니다. 예를 들어 많은 사람이 있는 자리가 어렵고 싫다면 그 이유를 고민해 보고 그것을 완화할 수 있는 방법을 찾아봐야겠지요. 약점에 연연하며 살 필요는 없지만 꼭 필요한 일이라면 해야 하기 때문입니다. 이렇게 좋아하는 것과 싫어하는 것의 데이터가 나의 강점과 약점을 파악하는 데 도움을 줍니다.

개인의 취향이나 능력은 살면서 달라지기도, 더 다양해지기도 합니다. 10년 전의 내 모습을 한번 떠올려 보세요. 꽤 많은 것이 달라진 지금의 내가 보일 것입니다. 이처럼 세월이 주는 경험과 훈련 그리고 살면서 겪는 어려움들이 나의 생각과 감정을 바꾸고 능력을 키웁니다. 회사를 다니고, 가정을 꾸리고, 아이를 낳아 키우다 보면 몰랐던 나의 능력과 재능을 발견하기도 하고 반대로 그동안 미처 몰랐던 연약한 점을 마주하기도 합니다. 이렇게 평생 나에 대한 데이터를 만들어 가면서 성장해 나가는 것이 인생입니다.

나의 어린 시절
돌아보기

"인생의 첫 30년은 사람이 습관을 만들고 나머지 30년은 습관이 사람을 만든다"는 고대 인도 속담이 있습니다. 하지만 심리 상담가로서 많은 사람을 만나는 저는 "인생의 첫 30년은 부모가 습관을 물려주고, 나머지 30년은 물려받은 습관에 대한 분별과 변화에 따라 인생이 달라진다"라고 말하고 싶습니다. 우리는 자신의 생각과 행동, 선택의 이면에 무의식이 작동한다는 것을 잊고 삽니다. 이 무의식은 개인의 성격이 굳어지기 전, 즉 어린 시절에 형성됩니다. 아이들은 자신도 모르는 사이에 부모의 가치관과 생활 습관을 자연스럽게 따라가게 되지요.

　　부모와 전혀 다른 선택을 하는 사람도 분명히 있습니다. 알코올 중독인 부모 밑에서 자란 사람들 중 부모처럼 술에 중독되는 사람이 있는가 하면 반대로 술을 증오해서 입에도 갖다 대지 않는 사람이 있지요. 이런 상반된 행동이나 선택의 이면에는 알코올 중독인 부모의 영향이 분명히 있다는 것입니다. 중요한 것은 어린 시절 가정 환경이 현재에도 알게 모르게 영향을 미치고 있다는 것이지요. 그렇기 때문에 나를 객관적으로 이해하기 위해 반드시 되짚어 봐야 하는 것이 주 양육자와 자라 온 환경입니다.

부모는 일단 강력한 유전적 데이터를 제공합니다. 기본적인 외모, 재능, 기질은 대부분 부모로부터 물려받습니다. 그리고 유전적 요소와 함께 형성되는 성격은 환경의 지배를 받기도 합니다. 우리가 성장하고 독립하기 위해서는 누군가에게 의존해야 하는 시간이 무척 깁니다. 온전한 독립까지는 20~30년 이상이 걸리기도 하지요. 그래서 환경의 영향은 우리가 생각하는 것보다 훨씬 더 큽니다. 특히 분별력이 떨어지고 연약한 아이들은 좋은 것이든 나쁜 것이든 오래 노출되면 더 쉽게 익숙해질 수밖에 없습니다. 그리고 어느새 그것이 가치관과 습관이 됩니다.

나의 사람을 대하는 태도, 세상을 향한 신념, 삶의 가치관, 경제관념, 생활 습관은 어떤지 떠올려 보세요. 그리고 부모로부터 어떤 영향을 받았을지 생각해 보세요. 누군가는 하루 종일 TV를 켜 놓고 사는 집에서 자라고, 누군가는 TV 대신 책이 더 익숙한 가정에서 자랐을 수 있습니다. 대화가 자

연스러운 화목한 가정에서 자랐을 수도 있고 반대로 절간처
럼 조용한, 개인주의적 성향의 가정에서 성장했을 수도 있습
니다. 이렇게 우리의 행동, 생각, 습관, 선택을 좀 더 깊게 돌
아보고, 나의 가치관과 신념이 온전히 나의 것인지 아니면
부모님의 것인지 분별해야 합니다. 그리고 부모의 가치관,
습관, 신념에 동의하지 않는다면 과감히 벗어나려는 노력을
해야 할 것입니다. 그것이 정서적 독립입니다.

　우리가 자라 온 사회경제적 환경도 부모의 가치관과 양
육 태도만큼 중요합니다. 모든 어려움이나 우울증, 중독 등
의 원인이 부모의 양육 태도 때문만은 아닙니다. 어린 시절
당시 사회경제적 상태가 더 큰 영향을 준다는 연구도 많습니
다. 경제의 불황이나 호황에 따라 사람들의 심리 상태나 행
동 패턴이 크게 달라지기 때문입니다.

　부자 동네에 산다고 모두가 부자는 아닙니다. 오히려 빈
부 격차가 더욱 심하게 드러나기도 하지요. 매년 한두 번씩
해외여행을 가면서 아이의 과외활동, 학비를 다 지원해 주는
가정이 있는 반면 학원 하나 보내는 데도 빠듯한 가정도 많
습니다. 이 두 가정의 아이들 정서는 다를 수밖에 없습니다.
부모가 아무리 자녀를 사랑하고 돌봐 주고 싶어도 하루 세
끼 밥걱정을 해야 한다면 돈을 벌러 나가야 합니다. 경제적

인 어려움이 있는 경우, 부모가 부재하는 시간이 길고 아이는 부정적 경험에 노출될 확률이 높습니다. 이 모든 요소가 자라나는 아이들의 성격 형성에 영향을 줍니다.

인간관계를 유난히 힘들어하고 어려워하는 한 지인은 초등학교 때 무려 열두 번이나 전학을 다녔다고 합니다. 가뜩이나 수줍음이 많고 소심했던 그녀는 어린 시절 이리저리 전학을 다니느라 친구를 제대로 사귀지 못했지요. 당연히 친한 친구도 없었고, 우정을 쌓을 시간이 없었습니다. 유년기에서 가장 중요한 사회성을 체득하지 못한 것입니다.

나의 어린 시절과 가정 환경, 사회경제적 분위기는 내 신념, 가치관, 행동에 생각보다 큰 영향을 줍니다. 따라서 어린 시절 나를 둘러싼 환경과 가까이 지낸 사람들을 찬찬히 생각해 보는 것은 자신을 이해하는 데 큰 도움이 됩니다. 이것은 어린 시절의 어려움을 원망하기 위함이 아닙니다. 나의 자아상, 가치관, 삶의 습관, 사회성 등이 어떻게 형성되었는지 알기 위함입니다. 그렇게 자신을 객관적으로 관찰하고 바라볼 때 비로소 제대로 이해할 수 있습니다.

내가 바꿀 수 없는 것은
인정하고 받아들이기

나 자신을 알아 가는 일이 항상 재미있고 신나지는 않습니다. 원하지 않는 모습을 보기도 하고 부족하고 연약한 모습을 더 자주 맞닥뜨리지요. 거기다 인간은 시각적인 동물이라서 즉각적으로 타인과 비교하고 부족함을 찾아냅니다. 그래서 늘 장점보다는 단점과 연약함이 훨씬 더 커 보입니다. 남보다 별로인 외모, 부족한 능력, 부족한 의지 또는 열심 같은 것들이 그렇지요. 그래서 우리 모두에겐 열등감이 있습니다.

자신을 이해하고 인정할 때 두 가지를 반드시 고려해야 합니다. 내가 통제할 수 없는 것과 통제할 수 있는 것입니다. 인생에서 아무리 노력하고 애를 써도 바꿀 수 없는 부분이 있습니다. 그것은 그냥 받아들여야 합니다. 여기서 받아들인다는 것은 포기하는 것이 아니라 마음으로 수용하고 그것을 가지고 잘 살아 보려는 태도를 가지는 것입니다. 불의의 사고로 장애인이 된 환자들의 회복은 환자가 얼마나 빨리 자신

의 장애를 인정하느냐에 달려 있다고 합니다. 그래야 인생의
궤도를 수정하고 거기에 맞게 노력할 수 있기 때문입니다.

　　타고난 기질, 외모, 가족, 자녀, 자라 온 환경, 불의의 사
고는 우리가 어쩔 수 없는 것입니다. 그러니 받아들여야 합
니다. 이것을 바꿔 보려고 애쓰는 것은 내리는 비를 멈추기
위해 하늘을 가리는 것만큼 어리석은 일입니다. 그런데 많은
사람이 이 통제할 수 없는 것에 지나치게 에너지를 씁니다.
그러다 지레 지치고 세상과 사람을 원망하지요. 이런 통제할
수 없는 것에 에너지를 쓰는 대신 내가 바꿀 수 있는 것에 집
중해야 합니다. 비가 오는 것은 막을 수 없지만 우산을 준비
하면 비를 맞지 않을 수 있는 것처럼 말이지요. 우리 삶에 튼
튼한 우산이 되어 주는 것은 긍정적인 생각과 태도, 합리적
인 시간 관리, 적극적인 행동입니다.

　　저는 마흔을 훌쩍 넘기고 나서야 인생에서 내 맘대로 되
는 것은 거의 없다는 것을 깨달았습니다. 아무리 죽을 힘을
다해도 노화를 막을 수는 없습니다. 부모, 배우자, 형제자매
도 내 뜻대로 바뀌지 않습니다. 아무리 능력 있는 부모라도
아이들이 겪는 사고나 실패를 다 막아 줄 수는 없습니다. 하
지만 이런 상황 속에서도 나의 생각과 태도는 통제할 수 있
습니다. 자녀의 질병이나 사고를 모두 막아 줄 수는 없지만,

좋은 추억을 만들어 줄 수는 있습니다. 배우자의 기질은 바꿀 수 없지만 함께 조율하며 살 수 있고, 젊어질 수는 없지만 젊은이들 못지 않게 즐겁게 살 수 있습니다. 이렇게 통제 가능한 나의 생각, 태도 그리고 선택이 인생의 질을 결정짓는 전부입니다.

구글의 임원으로 승승장구하던 공학자 모 가댓Mo Gadwdat은 남들이 모두 부러워하던 성공가도를 달릴 땐 오히려 불안하고 우울했다고 합니다. 자신보다 더 성공하고 잘나가는 사람들을 이기기 위해 아등바등 살았습니다. 하지만 어처구니없는 의료사고로 사랑하는 아들을 잃고 오히려 행복을 찾았습니다. 그는 《행복을 풀다》(강주헌 옮김, 한국경제신문사, 2017)에서 행복은 환경 그 자체가 아니라 환경을 어떻게 해석하느냐에 달려 있다고 이야기합니다. 환경과 사건에 대한 해석이 우리의 태도와 생각을 바꾸기 때문에, 인간은 사실 모든 것을 통제하며 살 수 있다고도 말할 수 있을 것입니다.

많은 사람이 선하고 착하게 살면 좋은 일만 있으리라 생각합니다. 불행은 없어야 한다고 믿지만 좋은 사람에게도 불행한 일은 일어나고 나쁜 사람에게도 좋은 일이 일어날 수 있습니다. 불행과 고난, 행운과 기적은 우리가 통제할 수 없는 것입니다. 이어령 교수는 《이어령의 마지막 수업》(김지수·

이어령 지음, 열림원, 2021)에서 "인간의 지혜가 아무리 뛰어나도, 죽을 힘을 다해 노력해도 어찌할 수 없는 저편의 세계, something great이 있다"고 이야기했습니다. 인생에서 나의 통제를 벗어난 이 'something great'를 인정하고 잘 다루어 가야 할 것입니다.

　　자신을 정말 사랑하기 위해서는 자신이 처해 있는 현실을 똑바로 직시해야 합니다. 그리고 내가 바꿀 수 있는 것과 바꿀 수 없는 것을 확실히 구분해야 합니다. 바꾸지 못하는 환경에 연연하는 대신 내가 바꿀 수 있는 것을 어떻게 활용할 것인지 고민해 보세요. 내가 처한 환경과 처지 그리고 자신의 삶을 어떻게 바라보고 해석할지는 온전히 내 마음가짐에 달려 있습니다. 주어진 삶을 감사와 소망으로 살 것인지, 아니면 세상을 원망하고 불평하며 살지는 전적으로 나의 선택입니다.

나는 아직 다
발견되지 않았다

나 자신을 알아 가는 것은 평생에 걸쳐 계속되어야 하는 과정입니다. 우리는 죽을 때까지 배우고 성장할 수 있습니다. 미국인이 사랑하는 민속화가 모지스 할머니Grandma Moses는 70대 중반에 그림을 그리기 시작했습니다. 평범한 주부였던 그녀는 관절염으로 살림과 요리가 힘들어지자 그림을 그리기 시작했다고 하지요. 뒤늦게 시작했지만 무려 101세까지, 30여 년 동안 작품활동을 했습니다.

1980년대 전기기사로 일했던 석창우 화백은 작업 중 감전사고로 두 팔을 잃었습니다. 그는 아이러니하게도 두 팔을 잃고 장애인이 되었을 때 자신의 또 다른 재능을 발견합니다. 의수를 끼고 아들의 그림 숙제를 도와주다가 자신의 소질을 깨달은 것이지요. 그는 서예와 크로키를 접목한 '수묵 크로키'라는 영역을 개척하고, 교과서에 실릴 만큼 영향력 있는 화가가 되었습니다. 감전이라는 일생일대의 사고를 당

한 후에 발견한 재능이기에 더욱 의미 있는 성장이라고 할
수 있습니다.

　이처럼 인생에서 고난이나 어려움이 항상 비극은 아닐
수도 있습니다. 오히려 새로운 환경과 낯선 곳에서 자신의
몰랐던 모습을 찾기도 하지요. 결혼, 육아 등이 사람을 변화
시키기도 합니다. 다양한 경험을 통해 생각이나 가치관이 달
라지고 성숙하기 때문입니다. 성숙해지면 포용력, 인내심,
이해심이 커지기에 마음이 편안해지고 더 자주 행복감을 느
끼게 됩니다.

　제가 사는 동네에는 굿시드Good Seed라는 한인 단체가 있
습니다. 굿시드는 자폐 스펙트럼 장애 혹은 중증 ADHD 진
단을 받은 아동의 가정을 위한 여러 가지 서비스를 제공합니
다. 낯선 미국에서 아이들이 적절한 공교육을 받을 수 있도
록 안내하고, 유익한 정보를 서로 교환하며 정서적 지지를
얻을 수 있지요. 부모들은 아이가 자폐 스펙트럼이나 ADHD
진단을 받으면 무척 충격을 받고 혼란스럽습니다. 그 이후의
삶은 완전히 달라지지요. 적응 과정은 고난과 좌절의 연속입
니다. 하지만 부모들은 아이 덕분에 인내심과 포용력이 넓어
지고 세상을 바라보는 눈도 달라졌다고 이야기합니다.

　인생에서 성장과 성숙은 어느 한 시기에 완성되는 것이

아니라 평생에 걸쳐 진행됩니다. 살다 보면 만나게 되는 도전, 변화, 고난을 스스로 포기하거나 그것으로부터 도망가지 않는다면 적응하고, 성장하고, 성숙하게 됩니다. 이 과정이 때로는 아프고 힘들지만 그만큼 의미와 가치가 있다고 믿습니다. 그러니 어떤 도전이나 고난 앞에서 지레 포기하거나 스스로를 제한하지 않기를 바랍니다. 우리는 아직도 스스로에 대해 모르는 것이 훨씬 더 많습니다. 인생의 여정 가운데 내가 얼마나 성장하고 달라질 수 있는지 지켜보고 자신을 응원해 주세요.

예민한 성격 탓에 생각이 많고
자주 상처를 받아요

성격은 인간이 특정 상황에서 지속적으로 나타내는 생각, 감정, 행동 패턴으로 정의합니다. 심리학에서 성격은 생물학적 요소, 즉 타고난 기질과 환경의 상호작용으로 형성된다고 말합니다. 신체적 예민함, 활동성, 충동성, 사회적 적응력, 불안도 등은 기질적으로 타고난 것이 많습니다. 이미 나의 DNA에 새겨진 고유 성향인 것입니다. 다만 어린 시절 어떤 양육 환경에서 어떤 사회적 상호작용을 하며 성장했는지에 따라 후천적으로 달라집니다.

완벽하게 좋은 기질은 없습니다. 모든 사람은 타고난 기질로 인한 장점과 단점을 가지고 있습니다. 청각이 예민하면 쉽게 스트레스를 받지만, 음악적으로 뛰어난 재능을 보이기도 하지요. 충동적인 성향의 사람들이 위험한 행동을 하거나 어처구니없는 사고를 치기도 하지만, 호기심이 많고 도전적이기 때문에 남들이 하지 못하는 모험을 감행해 큰 성공을 거두는 경우도 있고요. 따라서 기질의 부정적인 면에 초점을 맞추기보다는 긍정적인 면을 발전시키는 것이 좋습니다. 예민한 성격의 이면에는 배려심이 깊고 신중하며 따뜻하고 섬세한 모습이 있습니다. 일의 수행능력과 완성도도 높은 편이지요.

다만 예민한 성향으로 인해 발생하는 관계에서의 불편함을 해소하는 사회적 기술은 훈련해야 합니다. 환경 자극이 과한 스트레스가 되지 않도록 상황에 따라 온 앤 오프on and off 하는 것이지요. 굳이 예민하지 않아도 될 상황에서는 자극 레이더를 끄는 연습을 하는 것입니다. 예민한 사람들의 경우 타인의 힘듦이나 부정적 감정이 쉽게 전이되기 때문에 에너지가 더 빨리 소진됩니다. 때문에 인간관계에서 일어난 문제나 사건이 나와 관련이 있는 것인지, 아니면 전적으로 타인의 문제인지 구별해야 합니다. 그 문제가 전적으로 타인의 문제라면 지나치게 상대의 눈치를 볼 필요가 없겠지요. 예를 들어 직장 동료가 회사에서 큰 실수를 해 힘들어하는 것을 알게 되었을 때 그에게 적절한 배려는 해 줄 수 있지만, 동료의 기분에 하루 종일 전전긍긍할 필요는 없다는 것입니다.

예민한 사람은 타인의 입장을 너무 고려한 나머지 해야 할 말도 하지 못하는 경우가 많습니다. 자신의 생각이나 요구가 적절하다면 그것을 표현하고 서로 조율하는 연습이 필요합니다. 또한 에너지가 빨리 소진되는 편이기에 에너지를 충전하는 자신만의 방법도 반드시 찾아내야 합니다. 이런 사회적 기술은 반복과 훈련으로 얼마든지 습득할 수 있습니다.

5장

상처받은 나의
내면 아이 돌보기

부모가 바라본 대로
자신을 바라본다

'심리학은 왜 자꾸 부모를 탓하나요?'

　　상담실에서 심리 상담가들이 어린 시절과 부모의 양육 태도를 물어보는 것에 당황하는 내담자들이 있습니다. 마음이 힘든 것은 현재이고 본인의 일인데 부모와의 관계를 묻는 것을 불편해하는 것입니다. 아마 자신의 어려움이 부모 탓이 될까 봐 걱정하는 것이겠지요. 혹은 반대로 자신이 겪는 심리적 어려움과 관계 문제의 원인을 모두 부모에게 돌리는 내담자도 있습니다. 부모 때문에 이렇게 내 인생이 망했으니 부모가 책임져야 한다는 식입니다.

　　공허함, 우울감, 불안 그리고 인간관계의 갈등으로 상담실을 찾는 내담자들을 보면 자신을 하대하고 세상과 타인에 대한 불신과 불안이 큽니다. 나약한 자신을 비난하고 비하하는 비합리적 결론을 내리기도 하지요. 부모의 양육 태도를 살펴보는 것은 누군가의 잘잘못을 판단하려는 것이 아닙니다. 인간은 양육자의 도움 없이는 살 수 없는 의존적 상태로 지내는 기간이 무척 깁니다. 그래서 어린 시절 환경의 상당한 부분이 습관화 혹은 내면화됩니다. 마음의 병은 생각보다 뿌리가 오래된 것이 대부분입니다. 그렇기 때문에 원인을 알고 합당한 치료를 하기 위해 과거로 돌아가 부모가 제공한 양육 환경을 파악하는 것입니다. 몸에 염증에 생겼다고 해서 염증을 유발한 음식이나 생활 습관을 원망해 봐야 치료에 아무 소용이 없는 것처럼 과거를 돌아본다고 완전한 회복이 일어나지는 않습니다. 대신 원인을 알고 더 건강한 생각과 습관 그리고 좋은 경험들로 하루를 채워 갈 수 있습니다.

어린 시절을 되짚어 보는 가장 중요한 이유는 개인의 자아상은 주 양육자가 나를 반영한 모습이기 때문입니다. 만 2세 미만인 아이는 스스로 자아 인식을 하지 못합니다. 자신이 좋은 사람인지 나쁜 사람인지, 혹은 착한 아이인지 아닌지에 관한 개념이 없습니다. 다만 어린 시절 자신이 바라봤던 환경과 사람에 대한 느낌과 기억으로 자신의 이미지를 만들어 가는 것입니다. 일관적이고 따뜻한 가정에서 관심과 미소로 대해 주는 양육자에게 자란 아이는 그 따뜻하고 편안했던 좋은 기억을 가지게 되고, 그것이 자신을 대하는 태도가 되어 스스로를 소중하게 대하지요. 반대로 어린 시절이 불안하고, 두렵고, 공포스러웠다거나 부모가 부재했다면, 그 기억을 기반으로 자신을 대하며 스스로에게 따뜻하고 안정적인 느낌을 가지기 어렵게 됩니다.

영화 <굿 윌 헌팅>의 주인공 윌은 MIT를 다니는 학생들도 풀지 못하는 수학 문제를 척척 풀어내는 수학 천재로, 어린 시절 양아버지에게 학대를 받았습니다. 자신이 매를 맞고 자란 것은 '맞아야 되는 놈' '맞아도 싼 놈'이었기 때문입니다. 그 자아상은 윌의 천부적 재능을 제대로 발휘하지 못하게 하고, 삶을 낭비하게끔 만들었습니다. 자신은 그렇게 살아도 되는 놈이라고 믿으며 살았기 때문입니다. 이렇게 부모가 아이를 반영하는 모습이 아이의 자아상이 됩니다.

제가 만난 내담자들 중 다수가 부모의 말을 거스르지 않는 착한 아이, 공부 잘하고 자랑스러운 아이, 부모의 어려움과 힘듦을 이해해 주는 어른스러운 아이여야만 사랑받을 수 있었다고 이야기합니다. 가정의 불화나 이혼, 집안의 경제적 어려움은 부모의 정서적, 육체적 희생을 요구하기 때문에 자기 희생에 대한 보상심리로 자식들에게 큰 기대를 걸기 때문입니다. 이런 보상심리는 그 당시 자녀를 향한 부모의 사랑이 조건부였다는 말이기도 합니다. 아이가 부모의 말을 잘 들어야만, 공부를 잘해야만 사랑받는 존재가 된다고 믿는다면 있는 그대로의 자신을 인정하기가 어렵습니다. 부모의 기준을 채우지 못하는 자신을 용납할 수 없지요. 그리고 성인이 된 이후엔 부모뿐만 아니라 자녀, 직장, 친구들에게도 인정받는 부모, 직원, 친구가 되기 위해 애를 쓰게 됩니다.

어린 시절 주 양육자와의 관계가 곧 자신과의 관계의 시작점입니다. 따라서 반드시 부모와의 관계를 짚어 보고 자신을 향한 비합리적인 사고와 태도를 바로잡아야 합니다. 부모가 온전히 조건 없는 사랑으로 수용해 주지 못했다고 해서 나의 존재 가치가 없는 것은 아니라는 것을 깨닫는 것입니다. 부모가 반영해 준 이미지나 인정에 상관없이 나는 존재 자체로 소중하고 귀한 사람이라는 것을, 우리의 존재 가치는 타인에 의해서 정해지지 않는다는 것을 아는 것이 자기 화해의 첫 걸음입니다.

나의 애착 유형 알아보기

어린 시절 자신을 통제하고 억압했던 부모를 싫어했으나 결국 비슷한 성향의 남편을 만나 불안과 우울로 괴로워하는 한 내담자가 있었습니다. 그녀는 자기도 모르게 부모와 비슷한 사람들에게 끌렸습니다. 그런 관계가 너무나 익숙해져 있었기 때문입니다. 이것을 심리학적으로는 '애착 패턴의 반복'이라고 합니다.

인간관계 문제를 해결하고 싶을 때 가장 먼저 돌아봐야 하는 것은 대화의 기술이나 상대의 잘잘못이 아니라 나의 애착 유형입니다. 부모와의 애착 패턴이 배우자, 연인, 자녀, 친구, 직장동료와의 관계에서도 반복되기 때문입니다. 그리고 대부분의 인간관계 문제가 개인의 불안정한 애착에서 기인합니다. 예를 들어 직장에서 상사가 특별한 이유 없이 기분이 안 좋아 보일 때 어떤 사람들은 자신이 잘못한 것이 있어서 화가 난 것이라 지레짐작하고 불안해합니다. 또 어떤 사람들은 상사의 기분을 풀어 주기 위해 온갖 정성을 들입니다. 그리고 어떤 사람들은 개인적으로 안 좋은 일이 있나 보다고 여기고, 자신의 일에 집중합니다. 이렇게 같은 상황에서도 반응이 다른 것은 각각의 애착 유형이 다르기 때문입니다.

타인에 대한 기대＼자신에 대한 기대	긍정	부정
긍정	안정형(안정 애착) 친밀감, 자율, 편안함	집착형(불안정 애착) 관계에 몰두
부정	회피·거부형(불안정 애착) 친밀감 거부, 독립	회피·공포형(불안정 애착) 친밀 두려움, 사회 회피

네 가지 애착 유형(출처: Bartholomew와 horowitz, 1991)

아이가 만 3세가 될 때까지 주 양육자가 어떻게 반응하고 양육하는지에 따라 애착이 형성됩니다. 아이를 안정감 있게 키우고 따뜻하고 일관적인 태도로 돌보는 양육자에게서 자란 아이들은 '나는 사랑받는 사람이고 부모님이 나를 지켜주고 보호해 주는 이 세상은 안전한 곳이다'라고 느끼게 됩니다. 안정형 애착을 형성하지요. 안정형 애착을 형성한 사람들은 자신도 타인도 모두 긍정적으로 바라봅니다. 그래서 자신과 타인을 존중하는 것이 어렵지 않습니다. 이로 인해 인간관계도 안정적으로 만들어 갑니다.

　　어린 시절 양육 환경에 여러 결핍이 있는 경우, 아이들은 '세상은 안전하지 않고 부모도 믿을 수 없다. 나는 사랑받을 만한 사람이 아니다'라고 생각하게 됩니다. 불안정 애착을 형성하게 되는 것이지요. 불안정 애착은 크게 세 가지로 나뉘는데, 자신과 타인을 긍정 또는 부정하는지에 따라 집착형, 회피·거부형, 회피·공포형으로 형성됩니다. 그리고 이 애착의 틀로 사람과 사회를 바라보게 됩니다.

　　자신에게는 긍정적이나 타인이나 세상에게 부정적이면 회피·거부형 애착이 나타납니다. 이들에게 타인은 믿을 만한 사람도 못 되고 세상은 전혀 안전하고 편안한 곳이 되지 못합니다. 자신 외에는 그 누구도 믿지 못합니다. 그래서 타인에 대한 불신과 의심으로 스스로 고립되는 경우가 많습니다. 이 유형의 경우 상대와 갈등이나 문제가 생겼을 때 상대와 문제를 해결할 수 있다는 믿음이 적습니다. 그래서 문제가 생기면 연을 끊거나 잠수를 타는 경우가 흔하고 술, 게임 등으로 문제 상황을 회피하려고 합니다.

　　반대의 유형도 있습니다. 바로 자신에게는 부정적이고 타인에게는 긍정적인 경우, 즉 집착형입니다. 스스로에 대한 확신이나 믿음이 없기에 타인에게 지나치게 의존하고 집착합니다. 이 유형의 경우 자존감이 낮기 때문에 자신보다 권위나 능력이 있어 보이는 사람들에게 의존하게 됩니다. 심한 경우에는 가스라이팅이나 사기를 당하기도 하지요.

타인과 자신 모두 부정하는 회피·공포형은 스스로에 대한 믿음이 부족해서 혼자 있는 것도 외롭고 공포스럽지만 너무 친밀한 것도 부담스럽습니다. 그래서 관계가 일관적이지 않고 혼란스럽습니다. 가까이 다가가려고 하면 밀어내고 멀어지려고 하면 서운해합니다. 이렇게 불안정한 애착을 형성한 사람은 어느 누구를 만나도 평안한 관계를 맺기 어렵습니다.

애착 상태에 따라 같은 상황에서도 해석이 달라집니다. 예를 들어, 남자 친구가 모르는 여자와 웃으며 이야기를 할 때 여자 친구의 애착 상태에 따라 반응이 달라집니다. 누군가는 남자 친구가 혹시 바람이 난 것이 아닐까 불안해하고 의심합니다. 누군가는 아는 사람을 오랜만에 만났거나, 재미있는 이야기를 나누는 것 같다고 생각할 수 있지요. 전자는 남자 친구에게 다그치고 의심하는 태도로 그 상황을 이야기할 확률이 높습니다. 후자는 순수한 호기심으로 남자 친구에게 질문할 것입니다. 이러한 반응에 따라 남자 친구의 반응도 다르게 나타나고, 관계도 달라질 수밖에 없습니다.

불안정 애착을 형성한 사람들은 비유하자면 나와 타인을 불신, 불안, 의심이라는 안경을 쓰고 바라보는 것입니다. 종종 잘못된 해석과 오해로 관계가 어그러지기도 합니다. 이때는 상대의 문제일 수도 있지만 자신의 불안, 불신, 집착이 원인이 아닌지 먼저 고민해 봐야 합니다. 스스로 불안정 애착에 대한 자각이 없고 회복하려고 노력하지 않는다면, 왜곡된 해석으로 인해 다른 사람들과 친밀하고 건강한 사이를 만들 수 없습니다.

희망적인 사실은 애착 유형이 영원 불변한 것은 아니라는 것입니다. 어린 시절 건강한 애착을 맺지 못했다 하더라도, 성인이 된 이후에 누군가와 깊은 신뢰와 애착을 다시 형성하면 바뀔 수도 있습니다. 다만, 성인이 된 이후의 사회성은 변하겠다는 자각과 노력이 수반되어야 합니다. 익숙하지만 건강하지 않은 습관을 멈추고, 자신이 해 보지 않았던 말과 행동을 하는 노력이 필요합니다. 새로운 경험을 쌓는 것이지요.

예를 들어 무조건 참고 회피하는 유형이라면 자신의 생각과 감정을 제대로 표현하는 연습을 해야 합니다. 즉 상대의 무리한 부탁을 거절하는 법, 내 속마음을 표현하는 법, 화

해하고 용서하는 법 등을 배우고 연습해야 합니다. 처음에는
무척이나 어색하고 불편하겠지만 자신의 회복과 사랑하는
이들을 위해 그 불편함을 견디며 습관이 될 때까지 훈련해야
합니다.

3F Fight, Flight, Freeze
방어기제

사람의 뇌는 생존을 위해 최적화되어 있습니다. 자신을 보호하기 위해 신체는 총력을 기울이지요. 때로는 미처 인지하거나 계획하기도 전에 몸이 반응할 때가 있습니다. 이것을 트라우마 반응, 즉 3F 반응(Fight(싸움, 공격), Flight(도망, 회피), Freeze(경직, 얼어 버림))이라고 합니다. 예를 들어 홀로 산 속에서 갑자기 큰 곰을 만났다고 생각해 봅시다. 생각할 겨를도 없이 세 가지 반응 중 한 가지가 나올 확률이 높습니다. 만약 자신이 그 곰과 싸울 만한 능력이 있거나 무기가 있다면 싸우려고(Fight) 할 것입니다. 그리고 곰과 멀리 떨어져 있다고 생각되면 냅다 도망칠 것입니다(Flight). 그러나 도망을 갈 수도, 싸울 수도 없는 상황이라면 죽은 듯이 얼어붙습니다(Freeze). 이렇게 생명을 보호하기 위해 나도 모르게 나오는 신체적 반응을 트라우마 반응이라고 합니다.

생존을 위협하는 끔찍한 일을 겪었다면 일상에서도 트

라우마 반응을 자주 느낄 수밖에 없습니다. 1995년, 한국 전쟁 이후 가장 많은 희생자가 발생한 삼풍백화점 붕괴 사건에서 살아남은 생존자들의 이야기를 담은 <가을로>라는 영화가 있습니다. 매몰된 백화점에서 며칠 만에 극적으로 살아남은 주인공은 세월이 오래 지나도 그때의 트라우마 때문에 일상 생활이 어렵습니다. 빌딩 안에 들어가는 것도 두렵고, 갑자기 어디선가 이유 모를 큰소리라도 나면 심장이 미친듯이 뛰기 시작해 죽을 것 같은 공포를 느끼지요. 이렇게 일상에서의 작은 자극에도 트라우마 반응이 나타나 평범한 일상을 누리지 못하게 되는 것이 트라우마의 가장 큰 문제입니다.

  이렇게 생존을 위협받는 경험을 하지 않아도 일상에서 심리적·신체적 공격을 받는다고 느끼면 자신을 보호하기 위해서 이 3F 반응을 보입니다. 현대 사회에서는 곰이나 사자에게 잡아 먹힐 위험은 사라졌지만 여전히 위험은 도사리고 있습니다. 곰은 없지만 매일 범죄와 교통사고가 발생하지요. 경쟁에서 이겨야 하고 안전한 삶을 위해 열심히 돈을 법니다. 이처럼 과거와는 다른 의미와 방법으로 나를 보호하고 지켜야 하는 상황이 더욱 많아졌습니다. 때문에 심리적 생존은 과거보다 훨씬 더 자주 공격받습니다. 심적으로 안전하지 않다고 느끼거나 공격받고 있다고 느낄 때, 3F 트라우마 반응이 나타나는 것입니다.

　착하고 말 잘 듣던 아이가 사춘기가 되면 참지 않고 부모에게 화를 내는 경우가 있습니다. 부모들은 아이들이 변했다고들 하지만 부모의 잔소리에 아이들이 공격 반응을 보이는 것입니다. 어린 시절에는 부모의 잔소리나 심리적 압박에 대응할 능력이 없었지만, 이제 몸과 생각이 자랐고 부모도 생각보다 그리 강한 사람이 아니었다는 것을 아이들도 알게 됩니다. 그러면 자신을 보호하기 위해 공격 반응을 보이는 것입니다. 아이들이 나쁘게 변한 것이 아니라 스스로를 보호하려는 반응이라고 생각한다면 아이들을 향한 시선이 달라질 것입니다.

　우리는 두려움이나 불안을 느낄 때 3F 반응을 하고 있다는 것조차 인지하지 못하기도 합니다. 따라서 인간관계를 유지할 때도 이 3F 반응에 대한 이해가 필요합니다. 상대방이 3F 반응을 보인다면 상대방이 '심리적으로 공격받고 있다고 느끼는구나'라고 이해해야 합니다. 예를 들어 배우자나 연인이 갈등이 생길 때마다 회피로 일관할 때, '왜 대답을 안 하지? 나를 무시하나?'라고 생각하면 화가 나고 속상해서 갈등이 더 깊어집니다. 하지만 '아 지금 불안하고 어찌해야 할지를 몰라서 도망가는구나' '싸우고 싶지 않아서 피하는구나'

라고 이해하면 상대방을 대하는 태도가 달라질 수 있습니다. 생각을 정리할 시간을 줄 수도 있고, 덜 공격적인 태도로 대할 수 있지요. 이 트라우마 반응을 제대로 알지 못하면 공격엔 공격으로, 회피엔 회피로 대응하게 됩니다. 그리고 이런 관계가 반복되면 서로에게 상처만 남지요. 건강하고 친밀한 사이가 되려면 서로 공격하지 않고 소통하는 안전한 사람이 되어야 합니다.

나의 심리적 바운더리는
어디까지일까?

인간관계에는 눈에 보이지 않는 심리적 경계선, 바운더리 boundary가 있습니다. 복잡한 지하철이나 버스에서 누군가와 너무 가까이 붙어 있으면 불편한 것처럼, 심리적으로도 누군가가 나의 영역을 침범하거나 내 시간과 신념, 가치를 통제하려고 하면 괴롭습니다. 우리에게는 모두 자신만의 고유함이 있기 때문입니다.

인간이 동물과 가장 다른 점은 바로 자아를 인식한다는 것입니다. 거울 속의 모습이 나라고 인식하기 때문에 화장도 하고 옷 매무새도 다듬습니다. 만약 자아를 인식하는 능력이 없다면 우리는 거울 속에 비친 내 모습을 '낯선 이'로 여길 것입니다. 이처럼 인간은 스스로를 인지하고, 생각하고, 본인이 원하는 대로 삶을 계획하고 행동하려는 의지를 가진 존재입니다.

심리적 바운더리는 우리의 고유한 자아 정체성을 지켜

주는 역할을 합니다. 집 벽이나 문과 같은 역할을 하는 것이 지요. 튼튼하고 안전한 벽이 있어야 비바람, 불청객에게서 나 자신을 보호할 수 있습니다. 그뿐만 아니라 적당한 경계 를 두고 타인과 서로 소통할 수 있지요.

　심리적 바운더리가 너무 허술하거나 너무 단단하면 인 간관계가 어렵습니다. 심리적 바운더리가 너무 약하면 타인 에게 휘둘리기 쉽습니다. 상대에게 과하게 의존하며 삶의 주 도권을 빼앗기기 때문에 낮은 자존감, 열등감, 무기력에 시 달리게 되지요. 반대로 상대의 간섭이나 상대에게 받는 상처 가 너무 싫어서 마음속에 햇빛 한 점 들어올 수 없는 거대한 벽, 무척 견고하고 융통성 없는 바운더리를 두고 사는 사람 들도 있습니다. 이런 경우에는 혼자서 편안할 지는 몰라도 성장이나 성숙을 기대할 수 없습니다.

　심리적 바운더리는 생존 반응과도 연관이 깊습니다. 혼 자서 스스로를 보호하는 것이 편하고, 타인의 관심이나 간섭 이 불편하다고 느낀다면 견고한 바운더리를 만들게 됩니다. 자신의 바운더리에 들어온 몇 명을 제외하고는 신경 쓰지 않 고 관심이 없지요. 함께 괴롭느니 홀로 외로운 것을 선택합 니다. 반대로 스스로에 대한 확신이 부족하고 타인이나 세상 에 맞서는 것이 두려운 사람들은 타인을 의지하는 쪽을 택합니다. 그것이 생존에 훨씬 낫다고 느끼기 때문입니다.

　　건강한 바운더리를 가진 사람들은 자기 객관화가 잘 되어 있고 우선순위가 분명합니다. 자신의 한계와 능력을 알기에, 때로는 정중히 거절하기도 하고 필요하다면 도움을 요청합니다. 자신의 심리적 바운더리가 중요하기 때문에 타인의 바운더리도 존중할 줄 알고요. 자신이 무엇을 하고 누군가와 연결되고 어떻게 거리를 둘지 주도적으로 선택합니다. 이렇게 개인의 영역은 유지하면서 주변과 건강하게 연결되는 것이 건강한 바운더리입니다.

　　나의 심리적 바운더리는 어떤지 살펴보세요. 사람들과 연결되거나 책임지는 것이 매우 부담스럽다면 바운더리가 너무 견고하고 융통성이 없는 것입니다. 반대로 타인의 말도 안 되는 요구나 부탁도 거절하지 못하고 모든 사람을 책임지려고 한다거나, 누군가에게 버려지는 것이 두렵다면 바운더리가 약한 것입니다. 심리적 바운더리가 건강하지 않으면 주변에 누가 있든지 간에 인간관계의 어려움을 겪을 수밖에 없습니다. 그것은 타인의 문제가 아니라 내 심리 상태가 건강하지 않다는 방증입니다. 그렇기 때문에 나 자신의 주체성과 자율성을 키우면서 타인과 건강하게 연결되기 위해 노력해야 합니다.

부모님과의 관계가 어렵고 불편합니다.
얼마나 노력해야 관계가 나아질까요?

부모와의 관계가 유독 어렵다면 불안정 애착형일 가능성이 높습니다. 내면에 상처와 결핍이 있다는 것이지요. 따라서 부모와의 관계 회복보다는 자신의 상처와 결핍을 회복하는 것이 선행되어야 합니다. 인간 관계는 언제나 양방향이기에 혼자만의 노력으로 갑자기 좋아지는 경우는 드뭅니다. 게다가 자녀는 부모를 선택할 수 없지요. 부모 자식 관계가 좋은 것이 이상적인 모습이겠지만, 그 책임이 전적으로 나에게 달려 있지는 않습니다.

내면의 결핍이나 상처를 회복하지 못한다면 자신이 선택한 중요한 관계, 즉 친구, 연인, 배우자, 혹은 자녀와의 관계에 어려움을 겪을 수 있으며 그 책임은 자신에게 있습니다. 따라서 지금 현재 자신에게 소중한 관계를 지키기 위해서라도 자신의 상처를 잘 회복하고 치유해야 합니다.

때로는 부모가 인정하고 동의하지 않더라도 인생을 자신만의 방식대로 책임지며 살겠다는 용기와 강단이 필요합니다. 성인이라면 부모로부터 경제적·정서적 독립을 하고, 자신의 삶을 주도적으로 살아가야 합니다. 부모와의 관계를 돌아보기에 앞서 부모로부터 건강하게 독립했는지 되돌아보기 바랍니다. 독립은 부모와 등지는 것이 아닙니다. 내가 주도적으로 결정하고 책임지는 삶을 살아가는 것입니다.

　나의 상처와 결핍을 회복하는 가장 좋은 방법은 자신을 좀 더 알아 가고 감정을 읽어 줌과 동시에 내 삶의 주인은 자신임을 잊지 않는 것입니다. 정말 필요한 것이 무엇인지 고민하고 자신을 위한 선택을 하길 바랍니다. 본인 스스로 건강해지고 주도적인 삶을 살게 되면, 부모와 어떤 관계를 맺어야 할지 답이 보입니다. 미성숙한 부모를 완전히 품을 수도, 적정한 거리를 두고 지낼 수도, 한동안 보지 않고 지낼 수도 있지요. 자신이 건강한 어른으로 온전하게 자립하는 것이 먼저입니다. 그 후에 부모와의 관계에 대한 답도 스스로 찾게 될 것입니다.

6장

나를 잘 돌봐 주기

인간관계의 트라우마가
뇌에 미치는 영향

나 자신과 좋은 관계를 맺고 있는 사람은 자신을 위해서 무엇을 해야 하고 무엇을 하지 말아야 하는지 잘 알기에 스스로를 잘 다스리고 행복하게 삽니다. 앞서 감정은 우리가 느끼는 자연스러운 반응이지만 모든 행동이 정당화되는 것은 아니라고 했습니다. 하지만 때론 어떤 감정들은 너무나 강력해서 우리의 생각과 행동을 통제해 버리기도 합니다. 특히 생존과 관련된 두려움이나 분노 같은 감정은 뇌를 장악해 버려 우리의 몸과 마음을 옴짝달싹 못하게 하기도 합니다. 앞서 언급한 3F 트라우마 반응 때문입니다.

　인간관계에서도 이 트라우마 반응은 동일하게 나타납니다. 뇌는 생존에 최적화되어 있습니다. 그래서 생존을 위협하는 순간이 오면 생각하기 전에 몸이 먼저 반응합니다. 따라서 과거 관계에서 남은 트라우마가 있다면 무의식적으로 그런 사람이나 상황을 피하려는 시도를 하게 됩니다. 이런 생존 모드가 반복적으로 작동하면, 진짜 위협과 가짜 위협을 구별하기 힘들어집니다. 이것이 가장 큰 문제입니다. 그래서 비슷한 상황을 두려워하거나 회피하고 싶어하지요. 예를 들어 억압적이거나 폭력적인 부모 밑에서 자란 사람의 경우, 목소리가 크고 자기주장이 강한 상사나 배우자를 만나면 쉽게 얼어 버리거나 분노합니다. 그래서 정작 자신이 해야 할 말을 하지 못하고 무조건 회피하거나 싸우게 되지요. 결국 대화나 조율을 하지 못하고 관계는 더 나빠집니다.

따라서 누군가와의 관계가 유난히 어렵고 힘이 든다면 과거에 비슷한 트라우마가 있지는 않은지, 그 과거의 상처로 인해 뇌가 잘못된 시그널에 경보를 울리고 경계 태세를 보이고 있지는 않은지 확인해야 합니다. 우리의 뇌는 쉽고 익숙하고 편한 쪽을 선택하려는 경향이 있습니다. 따라서 나의 본능에 따라 반응하지 않고, 관계 문제에서 더 나은 선택과 행동을 하기 위해서는 뇌를 이해하고 어떻게 다스려야 하는지 알아야 합니다.

편도체의 안정화,
전두엽의 활성화

트라우마로 인해 생존 모드가 되면 합리적이고 이성적인 판
단을 하는 뇌는 마비 상태가 됩니다. 이성적·합리적 사고보
다 살아남는 것이 더 중요하기 때문입니다. 목소리가 큰 사
람이 모두 공격적이거나 나쁜 사람이 아님에도, 뇌는 작은
시그널을 통해 생존에 몰두하게 만듭니다. 이것이 편도체가
활성화되면 일어나는 일입니다. 편도체를 안정시키고 이성
과 판단을 관장하는 전두엽을 활성화하는 훈련을 해야 작은
자극에 덜 민감하게 반응할 수 있습니다.

　편도체를 가장 빨리 안정시키는 방법이 '깊은 호흡'입니
다. 편도체에 산소를 충분히 공급해 주는 것만으로도 흥분을
가라앉힐 수 있습니다. 실제로 공황장애나 불안이 엄습해 올
때 깊은 호흡이 안정에 도움이 됩니다. 우리 몸이 긴장하거
나 불안해하지 않아도 된다는 시그널을 뇌로 다시 전달하는
것입니다. 불안과 화는 근육을 긴장하게 하므로 호흡을 동반

한 요가나 스트레칭, 가벼운 운동 등으로 근육을 이완하는 것도 도움이 됩니다. 감정이 고조되었을 때 이런 깊은 호흡이나 스트레칭이 자연스럽게 나오려면, 일상에서 습관이 되도록 훈련해야 합니다.

편도체가 활성화되면 전두엽이 활동하지 않습니다. 반대로 전두엽이 활성화되면 편도체는 덜 자극받습니다. 놀이터의 시소처럼 작동하지요. 전두엽은 끈기, 집중력, 자기 조절 능력, 자신과 타인에 대한 정보처리, 예측 및 판단, 문제 해결 능력을 관장하는 영역입니다. 이 영역이 제 기능을 해야 즉각적이고 본능적인 반응 대신 현명한 선택과 행동을 할 수 있습니다. 전두엽을 활성화하기 위해서는 집중력과 인내심을 요구하는 훈련이 좋습니다.

몸의 소근육과 대근육을 이용하는 행위는 고도의 집중력과 사고가 필요하기에 전두엽을 활성화하는 데 좋은 활동입니다. 달리기, 뜨개질, 악기 연주, 춤추기, 그림 그리기 등 몸을 쓰는 일을 시작해 보기를 추천합니다.

예를 들어 악기를 배운다고 생각해 봅시다. 악기를 연주하려면 고도의 집중력이 필요합니다. 눈으로 악보를 봐야 하고 손가락은 정확한 자리를 찾아가야 하기에 정신이 없지요. 리듬과 박자까지 맞추려면 딴생각은 전혀 할 수 없으니 그 순간만큼은 부정적인 생각이나 감정이 사라집니다. 연습을 통해 실력이 늘기 시작하면 성취감도 느낍니다. 이렇게 전두엽이 활성화되면 뿌옇게 흐렸던 마음도 회복됩니다.

　　가만히 아무것도 하지 않거나, 스마트폰만 보는 활동은 전두엽을 활성화하지 못합니다. 무엇을 해야 할지 모르겠거나 무기력하다면 일어나서 이불이라도 개고, 책상 정리라도 시작해 보세요. 거창한 것이 아니더라도 이런 작은 움직임이 전두엽을 활성화하는 데 도움이 됩니다.

뇌가 건강해야
내가 행복하다

십여 년 전에 셋째를 출산하고 얼마 지나지 않아 남편에게 심하게 짜증을 낸 적이 있습니다. 그때 남편은 최선을 다해 육아와 살림을 하고 있었습니다. 하지만 아무리 남편이 저를 챙기고 도와주어도 절대적으로 부족한 수면량, 밥 먹을 여유도 없이 몰아치는 세 아이 육아로 예민해질 수밖에 없었습니다. 그때 저에겐 남편의 다정한 말보다는 수면과 건강한 식단이 더 필요했던 것입니다.

마음이 힘든 사람들을 들여다보면 신체적으로도 지쳐 있는 경우가 많습니다. 신체 건강을 방치하면서 멘털은 굳건하길 바라는 것은 한쪽 바퀴가 고장 난 자전거를 타는 것과 같습니다. 신체 건강과 정신 건강은 하나입니다. 마음이 건강해지려면 우선 몸이 건강해야 합니다.

하지만 안타깝게도 요즘 우리들의 라이프 스타일은 뇌를 병들게 하는 것이 대부분입니다. 불규칙적인 수면, 운동

부족, 지나친 스마트폰 사용, 게임 등 이 모든 습관은 건강을 망가지게 할 뿐만 아니라 뇌의 쾌락 중추를 자극하게 됩니다. 이런 쾌락에 중독된 뇌는 평범하고 일상적인 삶이 지겹다 못해 고통스럽게 느껴집니다. 쉽게 스트레스를 받고 가까운 사람에게 짜증과 분노를 표출하게 되지요. 이런 관계가 오래 유지되면 자연스럽게 사이는 나빠집니다. 내가 건강해야 타인과도 건강하게 연결될 수 있습니다. 습관적으로 하는 작은 행동들이 우리의 뇌를 병들게 할 수 있다는 것을 기억하고, 건강해지려는 의지적 노력이 필요합니다.

수면

우리에게 잠은 생존의 필수조건입니다. 잠을 자는 동안 체력을 회복하고, 피로와 스트레스도 감소합니다. 수면의 질은 집중력, 기억력과 밀접한 관계가 있습니다. 낮에 집중력과 일의 효율성을 높이고 싶다면 반드시 숙면이 필요합니다.

우리 뇌가 충분히 수면하지 못하면 감정을 진정시키는 신경전달물질이 감소해 스트레스가 쌓이고, 예민해집니다. 수면 부족이 신체 건강뿐만 아니라 감정 조절에도 큰 영향을 미치는 것입니다. 미국 국립수면재단National Sleep Foundation에서는 숙면에 도움을 주는 방법을 다음과 같이 이야기합니다.

1. 낮에 적정한 자연광을 받는다.

2. 일주일에 5일은 30분 이상 규칙적인 운동을 한다.

3. 식사는 되도록 정해진 시간에 먹는다.

4. 자기 전 커피, 담배, 술, 폭식은 피한다.

5. 자기 전 긴장을 완화하는 루틴을 만든다.

6. 잠들기 좋은 환경(1시간 전 미디어 시청 금지, 집의 적정
   온도 유지 등)을 조성한다.

이렇게 평소 습관을 잘 관리해 뇌가 충분히 휴식할 수
있도록 숙면해야 합니다.

적당한 운동

몸이 피곤하거나 병이 들면 마음이 우울해지고 비관적
인 성격으로 바뀝니다. 타인을 배려하거나 이해하는 여유도
사라지지요. 사랑하는 자녀, 연인이나 친구가 옆에 있어도
그들을 돌아볼 여력이 없습니다. 그래서 마음이 병들지 않게
미리 예방해야 합니다.

적절한 운동은 숙면과 건강에 도움이 됩니다. 운동을 하
면 도파민과 세로토닌이라는 신경전달물질이 분비되어 기
분전환이 되고, 전두엽이 활성화되기 때문입니다. 운동을 할

때 생각보다 집중력이 필요합니다. 일단 몸을 움직여 숨이 차기 시작하면 잡념이 떠오르지 않지요. 헬스나 필라테스 같은 운동이 아니더라도 책상 정리, 청소, 산책 등 몸을 더 자주, 적극적으로 움직이는 것만으로도 얼마든지 운동의 효과를 볼 수 있습니다.

힘들지만 눈에 드러나는 확실한 보상과 효과가 있는 운동을 통해 성취감을 얻고 자존감도 높일 수 있습니다. 날씬한 몸과 튼튼한 체력도 덤으로 얻지요. 몸과 마음의 건강이 좋아지니 인간관계도 더 건강해집니다.

마음이 불안하고 우울하면 어떤 관계도 좋아질 수 없습니다. 요즘 유독 주변 사람들과의 관계에 고민이 있다면 나의 건강을 먼저 점검해야 합니다.

감정의 기본값
세팅하기

가까운 관계를 유난히 힘들어하고 그 관계에서 갈등을 겪는 사람들을 보면 모든 것을 부정적으로 바라보고 해석하는 경향이 있습니다. 즉 사고의 유연성이 떨어지는 것입니다. 사고의 유연성은 내가 처한 상황이나 일상을 다양한 시각으로 바라보는 능력입니다. 사고가 유연하지 않은 사람들은 자신이 계획한 일이 틀어지거나 느닷없는 발생하는 돌발 상황에 무척 당황하고 힘들어합니다. 비유하자면 부산에서 서울에 갈 때 비행기로만 가는 사람과 같지요. 날이 좋지 않아 비행기가 결항되거나 문제가 생기면 크게 혼란스러워하며 어찌할 바를 모르고 절망하게 됩니다. 비행기가 결항되었으면 운전을 해서 가거나, 기차나 고속버스를 타고 가도 된다는 것을 아는 사람은 어떤 문제가 생기더라도 적절히 해결할 수 있습니다.

　이처럼 사고가 유연하면 회복탄력성이 높을 가능성이

큽니다. 삶을 좀 더 긍정적으로 바라보기 때문입니다. 따라서 긍정이 감정의 기본값이 되는 것이 중요합니다. 그래야 삶에서 일어나는 크고 작은 문제들에 유연하게 대처할 수 있습니다. 특히나 인간관계는 더욱 그렇습니다. 부모나 형제자매, 자녀나 직장동료 모두 내가 원하는 대로 이끌고 갈 수 없습니다. 상대의 마음이나 행동은 늘 예측 불가능하기 때문입니다. 그것을 어떻게 해석하느냐에 따라 인간관계가 달라집니다. 관계를 회복하고 건강하게 만들기 위해서는 다음과 같은 방법으로 사고의 유연성과 다양한 시각을 키워야 합니다.

자연 경관 감상

　　마음이 우울하거나 병이 들면 이성적·합리적 사고 능력이 떨어집니다. 모든 것을 이분법적 또는 자기중심적으로 사고하고 판단하게 되지요. 시야가 좁아지기 때문에 당장 내 눈앞에 닥친 일과 문제만을 바라보며 전전긍긍하고 시간을 낭비하기가 쉽습니다. 이때 복잡한 일상을 벗어나 대자연을 바라보면 나를 괴롭히던 고민은 작아지고 인간은 한낱 미물에 불과하다는 것을 깨닫게 됩니다.

　　《나는 왜 생각이 많을까》(홋타 슈고 지음, 윤지나 옮김, 서사원, 2021)에 따르면 가까운 공원이나 산책로 등을 일주일에 두세 번씩 20~30분 정도 걷는 것만으로도 스트레스 호르몬인 코르티솔의 수치가 28% 가까이 떨어진다고 합니다. 하루에 적정량의 햇빛을 받으면 세로토닌이라는 행복 물질이 분비되고요. 거창하게 대자연을 찾아가지는 못하더라도 하늘 한 번 바라보고, 햇빛을 쬐면서 공원에서 산책하고, 길가에 피어있는 들풀을 자세히 보는 것만으로도 스트레스를 낮출 수 있습니다. 이렇게 자연과 가까이하는 일상이 마음을 더 여유롭게 해 줍니다.

작은 선행

마음이 우울하거나 불안이 높아지면 가장 먼저 기쁨과 감사하는 마음이 사라집니다. 내가 제일 억울하고, 불쌍하고, 불행한 사람이 된 것 같지요. 이때 도움이 되는 것이 작은 선행입니다. 남을 돕는 행위가 우리에게 어떤 도움이 될까요? 우리의 뇌는 상대가 아파하면 나도 아픔을 느끼고, 상대가 기뻐하고 감사하면 나도 그런 마음을 느낍니다. 이를 거울 효과mirroring effect라고 하지요. 이것을 증명한 가장 유명한 연구 결과가 '테레사 효과'입니다. 테레사 수녀의 다큐멘터리를 보는 것만으로도 인체의 면역력이 증가했다는 연구입니다. 타인의 선행을 보는 것만으로도 스트레스 수치가 낮아진 것입니다.

　길가의 쓰레기를 줍거나, 엘리베이터 층을 먼저 눌러 주는 등 일상에서 행하는 아주 작은 선행으로도 우리의 기분은 좋아집니다. 이렇게 매일 작은 선행을 실천하는 것이 쌓이면 놀라운 변화를 일으키는 불씨가 되지요. 봉사는 다른 사람들이 보기엔 내 시간과 물질을 헛되이 쓰는 것처럼 보이지만, 실상은 자신에게 가장 이로운 활동입니다. 내가 베푸는 것보다 더 많은 것을 얻지요. 더 행복하고 건강한 삶을 누리는 선순환이 일어나는 것입니다.

감사하기

　우리는 습관의 지배를 받으며 살아갑니다. 점심식사를 마치고 꼭 커피나 디저트를 먹는 것, 아침에 일찍 일어나 명상을 하는 것, 매일 영양제를 챙겨 먹는 것 등 우리의 생활은 크고 작은 습관으로 이루어져 있지요. 말이나 행동처럼 감정도 습관이 됩니다.

　평소 삶을 대체로 만족스럽게 여기는 사람은 시련과 어려움을 겪더라도 다시 원래 수준으로 되돌아갑니다. 반대의 경우도 마찬가지입니다. 불평불만이 습관이 된 사람들은 아무리 돈을 많이 벌고 좋은 일이 생겨도 다시 원래대로 돌아갑니다. 다른 습관과 마찬가지로 감정의 습관을 고치는 데도 오랜 시간이 걸립니다. 따라서 대단한 결심보다 오늘 하루를 적당히 감사하고 소소한 행복으로 채우는 것이 더 중요합니다.

　일상을 긍정적으로 바라보는 가장 좋은 방법은 중립적인 상황을 긍정적으로 바라보는 것, 즉 '감사하기'입니다. 평범한 하루를 감사로 보내는 것입니다. 예를 들어 출근을 하는 것은 좋은 일도, 나쁜 일도 아닌 중립적 상황입니다. 하지만 이 상황을 어떻게 해석하는지에 따라 마음이 달라집니다. '언제까지 이렇게 일을 다녀야 하는 걸까?' '피곤하고 일하기 싫다'라고 생각하면 짜증이 올라옵니다. 하지만 '열심히 일해서 나와 가족이 행복할 수 있다는 것에 감사해'라고 생각하면 기분이 좋아집니다.

　이렇게 중립적 상황을 좋은 쪽으로 해석하면서 감정 기본값을 긍정적으로 두면 일상은 더 만족스러워질 것입니다. 긍정은 인간관계에서도 큰 변화를 일으킵니다. 배우자, 부모, 자녀를 바라보는 시선이 긍정적으로 변화하면 관계는 자연스럽게 좋아집니다. 이렇게 감사하는 마음은 가장 빠르고 쉽게 우리의 생각과 행동을 바꿉니다. 좀 더 긍정적인 마음으로 하루를 살아갈 수 있도록, 감사 일기를 써 봐도 좋습니다. 하루하루 만들어 가는 긍정적인 태도와 생각은 무거운 인간관계 고민의 무게도 줄여 줄 것입니다.

글쓰기

글쓰기와 상담은 자신의 속마음을 가감 없이 안전하게 드러낼 수 있다는 점에서 꽤 닮아 있습니다. 인간관계에서 스트레스를 받는 이유는 표현하고 싶은 감정이나 생각을 제대로 표현하지 못하기 때문이지요. 꼭 당사자에게 말하지 않더라도 글쓰기를 통해 문제 상황을 제대로 인지하고 어떤 감정을 제대로 표현하지 못했는지, 서로 어떤 오해를 했는지 곱씹어 볼 수 있습니다. 그 대상을 향한 자신의 감정을 솔직히 적는 것만으로도 회복의 효과가 있어서 꼬인 관계의 실타래가 풀리기도 합니다.

더 나아가 쓴 글을 다시 읽다 보면 자신을 객관적으로 분석할 수 있습니다. 기억이라는 것이 왜곡되고 과장되기 쉽습니다. 글을 쓰다 보면 나의 생각, 감정, 그리고 행동 패턴이 좀 더 객관적으로 보이지요. 감정에 휩싸였을 때 표현한 생각이나 글들을 진정된 후에 다시 보면 내 생각과 행동의 허점과 취약점이 보이기도 합니다. 이를 통해 자신을 되돌아보며 반성하거나 좋은 결심을 할 수 있습니다.

　　자기 반성과 성찰의 기록은 스스로에게 큰 동기부여가 되기도 합니다. 어제가 오늘 같고 한 달 전의 나와 지금의 내가 크게 달라진 것이 없어 보여도 남겨 놓은 기록을 보면 그동안의 변화를 눈으로 볼 수 있지요. 더 나은 방향으로 변화하고 있는 나 자신과 목표를 이룬 것을 깨달을 때 그 무엇과도 비교할 수 없는 성취감을 느낄 수 있습니다.

가장 행복한 나를 만나는
'몰입'

대화만 했다 하면 싸우는 배우자, 사회생활에서 겪는 인간관계 고민 등으로 상담실을 찾는 내담자들에게 저는 그런 관계에 지나치게 연연하는 대신 몰두할 수 있는 취미 활동을 시작해 보기를 권합니다. 많은 내담자가 자신의 존재 의미나 삶의 목표를 다른 사람에게서 찾습니다. 좋은 부모, 헌신적인 아내, 인정받는 직장인 역할에 매몰되어서 말이지요. 자신의 삶이나 꿈 대신 가족과 주변 사람들을 챙기며 헌신했는데 문제가 생기니 더욱 낙담하고 우울해지는 것입니다. 이런 경우에는 삶의 주도권을 찾고 자존감을 회복할 때 고민했던 인간관계 문제가 해결될 가능성이 높습니다.

앞서 내담자에게 취미 생활을 추천한다고 이야기했는데, 여기서 말하는 취미는 나에게 좋은 영향을 미치는 취미여야 합니다. 《오티움》(위즈덤하우스, 2020)의 저자이자 정신과 의사인 문요한은 오티움을 '내 영혼에 기쁨을 주는 능동적

여가활동'으로 정의했습니다. 좋은 오티움이란 자기 목적성, 일상성, 주도성, 깊이, 긍정적 연쇄효과가 있는 활동이라는 것입니다. 따라서 폭식, 폭음 등 긍정적 연쇄효과가 없는 활동은 좋은 취미라고 할 수 없습니다.

부정적인 생각은 멈추지 않으면 계속 자랍니다. 그러나 정말 좋아하는 일에 몰두하면 잡생각이나 불안한 마음이 뿌리내리지 못합니다. 그 순간만큼은 부정적인 생각을 멈출 수 있지요. 부정적 사고가 확대되지 않으면 부정적인 말과 행동이 줄어들어 고민하던 인간관계도 나아집니다.

건강한 몰입은 그 과정에 도전과 성장이 있기에 자존감 회복에도 도움이 됩니다. 예를 들어, 노래를 취미로 시작한 사람이 혼자 연습하다가 지역 합창단에 입단해서 다른 사람들과 함께 공연을 하거나 재능 기부를 한다면 긍정적 연쇄작용이 일어난 것입니다. 개인의 성장은 물론이고 주변에 긍정적인 영향을 주면 자존감이 회복되고 주변을 바라보는 시선도 달라지기에 꼬여 있던 인간관계도 회복되기 시작합니다.

자신이 언제, 무엇에 몰입할 때 가장 즐거웠는지 곰곰이 돌아보며 자신에게 맞는 좋은 취미를 찾아보기 바랍니다. 멋있거나 거창한 것이 아니어도 좋습니다. 행복하게 몰입해서 나를 찾을 수 있는 취미는 마음의 쉼이 되어 줄 것입니다.

인생의 우선순위:
선택과 포기

내 삶을 주도적으로 꾸려 나갈 때 누구의 기준도 아닌 나만의 기준이 중요합니다. 정답이 없지요. 하지만 인간의 욕심이라는 것이 최상의 결과를 만들고 싶어 합니다. 때문에 매일 크고 작은 수많은 선택을 하고, 최선의 결과를 위해 고심하며 하루를 보내지요. 다양한 길과 선택지 앞에서 우리가 선뜻 결정하지 못하고 숱한 고민을 하는 것은 가장 좋은 것을 선택하고 싶은 욕심 때문일 것입니다. 어느 것 하나도 포기하고 싶지 않고 손해 보고 싶지 않은 마음인 것이지요.

이런 이유로 소중한 사람과의 관계는 늘 뒷전으로 밀려나는지도 모릅니다. 정말 중요하다는 것을 알지만 눈앞에 보이는 다른 일을 먼저 처리합니다. 배우자, 부모, 자녀가 언제나 그 자리에 있을 것이라 생각하기 때문입니다. '나중에 연락해야지' '다음에 같이 밥 먹으면 되지' 생각하지만 인생을 살아 보면 알게 됩니다. 그 시간은 절대로 보장되어 있지 않

다는 것을요. 그래서 삶의 우선순위를 잊지 않는 것이 중요
합니다.

흔히 우선순위를 해야 할 일들을 빼곡하게 써 보는 To
do 리스트 정도로 생각합니다. 그러나 인생의 우선순위를 분
명히 한다는 것은 나에게 중요한 것을 선택하는 것이자 반대
로 무엇을 포기할 것인가를 결정하는 것입니다.

영화 <어버웃 타임>의 주인공 팀은 어느 날 자신에게
과거로 돌아갈 수 있는 능력이 있다는 것을 알게 됩니다. 그
래서 자신이 원하는 것을 얻기 위해 과거로 돌아가 다른 선
택과 행동을 하지요. 자신이 원하는 대로 인생을 만들어 갈
수 있으리라 생각한 것도 잠시, 모든 선택에는 대가가 따른
다는 것을 알게 됩니다. 과거로 돌아가 동생의 교통사고를
막았더니 사랑하는 자신의 딸이 사라져 버립니다. 결국 딸을
지키면서 동생의 교통사고를 막을 방법은 없다는 것을 깨달
은 그는 모든 선택에는 반드시 포기가 따른다는 것을 절감하
며 현재를 더 충실히 살기로 결심합니다.

주변을 돌아보면 스스로를 불행하게 만드는 세 부류의
사람들을 만날 수 있습니다. 첫 번째는 통제하지 못하는 것을
통제하려는 사람들입니다. 배우자, 자녀를 자기 생각대로 바
꾸고 싶어하거나 지나간 과거에 매여 있고, 아직 닥치지 않은

미래를 걱정하며 살아갑니다. 두 번째는 남들과 비교하는 사람입니다. 자기 인생의 방향이나 성장보다 다른 사람들의 삶에 더 관심이 많지요. 불평불만이 습관이 된 사람들입니다. 마지막으로 현재 자신의 선택에 최선을 다하지 않으면서 지나간 결정에 미련을 두는 사람들입니다. 내가 무언가를 선택했다면 과감히 다른 결정에 대한 미련을 잊어야 합니다. 이렇게 과거의 선택을 후회만 하는 사람들은 지금 현재 자신의 장점이나 가치를 발견할 수 없습니다.

자신에게 정말 중요하고 의미 있는 것들이 무엇인지 고민해 보기 바랍니다. 그 우선순위를 마음에 두고 무엇을 선택하고 포기해야 할지 생각해 보아야 합니다. 만약 소중한 사람들과의 관계를 회복하고 싶다면 그 문제를 선택하고 노력해 보세요. 모든 결정에는 기회비용이 따르지만, 나에게 정말 중요하고 의미 있는 것들을 우선으로 선택하는 것이 나를 사랑하고 후회 없는 인생을 살아가는 방법입니다.

부정적인 이야기를 들으면
잘 잊지 못해 관계가 더 꼬입니다.
어떻게 훌훌 털어 버릴 수 있을까요?

누구나 살다 보면 다른 사람으로부터 부정적인 이야기를 듣게 됩니다. 특히 가족이나 친구, 직장 상사나 동료에게 유쾌하지 않은 이야기를 들으면 마음이 복잡해지고 생각은 꼬리에 꼬리를 물고 이어집니다. 그 이야기가 오해나 억측으로 인한 것이라면 억울하고 화가 나겠지요. 이때 그 이야기가 정말 나에게 의미 있고 중요한 것인지 먼저 분별하고, 그렇지 않다면 과감하게 떨쳐야 합니다.

우리 뇌는 부정적인 것을 더 오래 기억합니다. 나쁜 일을 반복해서 경험하고 싶지 않은 본능 때문에 그 기억을 오래 저장하지요. 생각이 꼬리에 꼬리를 무는 것은 지극히 자연스러운 현상입니다. 그러니 스스로를 채근할 필요는 없습니다. 다만 그런 부정적인 생각에 몰입해서 내 감정과 일상이 무너지지 않도록 경계해야 합니다.

생각을 바꾸는 단순하지만 가장 효과적인 방법은 다른 생각이나 다른 행동을 하는 것입니다. 지금 머릿속에 하얀 말을 상상해 보세요. 그다음 '하얀 말을 생각하지 말자'라고 생각해 보세요. 정말 하얀 말이 생각나지 않나요? 그렇지 않을 것입니다. 생각하지 않아야 한다고 생각할수록 더 기억에 오래 남습니다. 지금 우리의 머릿속에 그려진 하얀 말을 사라지게 만드는 방법은 검정 말을 생각하거나 청소를 하는 등 다른 생각이나 행동을 하는 것입니다.

생각을 한다는 것은 식물에 물을 주는 행위와 비슷합니다. 물을 주면 식물이 쑥쑥 자라는 것처럼, 집중할수록 생각은 점점 자랍니다. 원치 않는 생각을 곱씹는 것은 잡초에 물을 주는 것과 같습니다. 정작 잘 키우고 싶은 나무와 식물에겐 물을 줄 수 없지요. 잡초가 아니라 키우는 식물에 물을 주는 연습이 필요합니다.

자신의 삶에서 정말 중요하고 의미 있는 것이 무엇인지 먼저 생각해 보세요. 의미 없는 사람들이 하는 말에 휘둘리는 대신, 정말 중요하고 소중한 일에 시간과 에너지를 쏟아야 합니다. 마음이 복잡하고 생각을 정리하기 어려울 때 좋은 책을 읽거나 운동을 하고, 사랑하는 가족들을 위해서 맛있는 음식을 만들어 주는 것입니다. 그러다 보면 부정적 생각이 자연스럽게 사라지고, 스스로에게 좋은 선택을 했기에 힘든 마음을 이겨 낼 수 있습니다. 시간이 지나면 자기 확신이나 긍정적 경험이 쌓여 타인의 말에 크게 휘둘리지 않는 단단함도 생깁니다.

만약 소중한 사람이 한 말에 의미가 있다면, 그 메시지의 속뜻을 아는 것이 중요합니다. 부정적 메시지에 상처만 받고 끝내는 것이 아니라 그 사람의 의도를 파악하는 것입니다. 상대의 메시지 안에는 상대의 숨겨진 욕구가 있습니다. 예를 들어 상대방이 "너는 너무 이기적이야"라고 말했다면 그 말 안에는 "나를 배려하지 않아서 서운해" "너는 내가 얼마나 힘든지 몰라" "네가 나를 좀 더 이해해 줬으면 좋겠어"라는 욕구가 숨어 있을 수 있습니다. 따라서 상대방과 더 깊은 대화를 하며 서로 간의 오해를 풀고 문제를 조율할 수 있는 방법을 찾아야 합니다.

3부

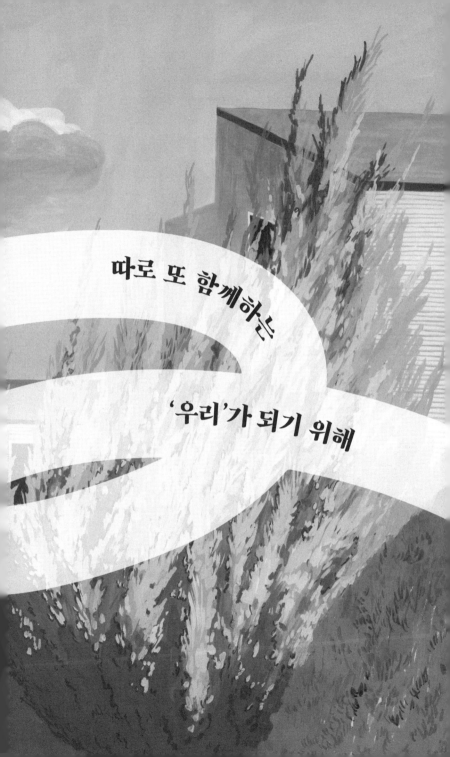

7장

우린 사실 모두
연결되고 싶다

소통은 생존이다

몇 년 전, 전 세계는 코로나19로 큰 혼란에 빠졌었습니다. 우리들의 사회생활은 중단되었고, 미래는 불확실했습니다. 코로나 블루(사회적 거리 두기, 자가격리 등으로 인해 생기는 우울감, 불안감, 무기력증)를 겪는 사람이 급증하기도 했지요. 사회 전반에 드리워진 그늘로 어렵고 힘든 시기였지만, 이 위기를 기회로 삼은 사람들도 있었습니다. 주어진 시간에 그동안 하고 싶었던 일 또는 취미를 시작하거나 가족들과 의미 있는 시간을 보내면서 말이죠.

주어진 환경에서 누군가는 우울감을 느끼고 누군가는 행복을 찾는 결정적 이유는 1장에서 언급했던 정신건강의 세 가지 요소 중 두 가지, 바로 '인간관계'와 '변화에 대한 적응력'입니다. 우리의 생산적 활동이 멈추어 버린 순간, 가까운 인간관계의 질과 변화에 대한 적응력이 완전히 다른 삶을 만들어 낸 것입니다. 예측할 수 없는 어려움과 스트레스를 어떻게 다스리는지에 따라 우리 삶의 질이 결정됩니다. 이 스트레스 조절 능력의 핵심은 소통하고 의지할 수 있는 사람의 존재 여부입니다.

이화여자대학교 사회복지학과 이지선 교수는 스물세 살에 교통사고로 전신 화상을 입고 안면 장애와 지체 장애를 진단받았습니다. 화상 치료는 마치 지옥을 연상할 만큼 끔찍하고 고통스러웠다고 했지요. 그녀는 자신의 책, 《지선아 사랑해》(문학동네, 2010)에서 사고 이후 자신의 몰골을 보고는 살 수 없을 것 같다고 생각했지만, 자신의 처참한 상태를 보고도 여전히 무한한 사랑을 퍼붓는 가족과 친구들의 사랑을 저버려서는 안 되겠다는 결심을 했다고 이야기합니다. 이것이 인간관계의 힘입니다.

불의의 사고나 예상하지 못한 나쁜 일은 누구에게나 생길 수 있습니다. 이런 불행을 피할 수만 있었다면 무슨 대가를 치르더라도 온 가족이 막고 싶었을 것입니다. 하지만 이런 원치 않는 일은 막을 수도, 피할 수도 없습니다. 관건은 이 불행을 어떻게 바라보고, 이겨 내고, 다루는지입니다. 주변을 둘러싼 사회적 관계망이 얼마나 튼튼하고 견고하냐에 따라 회복 속도가 달라집니다.

살다 보면 정말 꼼짝도 할 수 없을 것 같고 아무 희망도 보이지 않을 때가 있습니다. 그때 내가 사랑하는 사람들, 나를 사랑하는 사람들, 나를 믿고 지지하는 사람들이 생각난다면 다시 한번 힘을 낼 수 있습니다.

히말라야와 같은 높은 산을 등반하기 위해서는 베이스캠프가 무척 중요하다고 합니다. 이 베이스캠프는 등반객의 생존을 책임지는 역할을 합니다. 산을 오르다 예측할 수 없는 상황을 만났을 때 베이스캠프에서 날씨가 좋아지길 기다리기도 하고, 에너지를 충전하고 휴식을 취할 수 있지요. 히말라야 등반에만 베이스캠프가 필요한 것이 아닙니다. 인생이라는 산을 올라갈 때도 심리적 베이스캠프, 즉 소통이 되는 누군가가 반드시 필요합니다. 삶에 예상치 못한 비바람과 폭풍이 몰아칠 때 나의 이야기를 들어주고, 나를 지지하고, 응원하는 사람들이 나를 살릴 것입니다. 그래서 소통은 생존입니다.

친밀한 관계는
나를 성장하게 한다

살다 보면 내 자신조차 나를 믿을 수 없을 때가 있습니다. 아무리 간절히 원해도 기회조차 없을 때가 있고, 또 힘들게 주어진 기회를 스스로 망쳐 버릴 때도 있지요. 나 자신에 대한 신뢰가 사라지고 다 포기하고 싶은 마음이 들기도 합니다. 그때 나를 잘 아는 사람이 나를 응원하고 나를 일으켜 세운다면 어떨까요?

저는 미국에서 가정을 꾸린 뒤 30대 후반에 나름의 꿈을 가지고 미국 심리 상담 대학원에 진학했습니다. 야심 찬 포부로 시작한 공부였지만 현실은 쉬운 일이 하나도 없었고, 매일 포기하고 싶은 마음뿐이었습니다. 모국어가 아닌 언어로 더듬더듬 발표를 하고, 남들보다 두세 배 이상 시간을 들여 과제와 논문을 해내야 하는 것이 너무나 힘들었기 때문입니다. 무엇보다도 제 학업 때문에 방치된 세 아이에게 말할 수 없는 죄책감을 느꼈습니다. 하지만 신기하게도 그

당시 저를 둘러싼 모든 사람이 제 공부를 응원하고 도와주었습니다. 마치 온 세상이 저를 믿고 도와주는 듯했지요. 시부모님과 남편은 제가 없는 빈자리를 대신해 아이들을 돌봐주었고, 함께 공부하던 미국인 친구는 발표 연습과 과제, 논문 편집을 도와주었습니다. 그들의 자발적인 헌신과 도움이 고마워 저도 꾸역꾸역 공부를 할 수밖에 없었습니다. 만약 그때 공부를 포기했다면 심리 상담가가 되지도 못했을 것이고, 책을 쓰는 기회도 없었을 것입니다. 이 모든 것은 그들이 있었기에 가능한 성장이었습니다.

인간관계는 늘 내 마음처럼 되지 않습니다. 때로는 가까운 이들에게서 심한 상처를 받기도 합니다. 그래서 요즘에는 차라리 혼자 사는 것이 마음이 편하다는 사람들이 많습니다. 상처를 주고 싶지도, 받고 싶지도 않은 것이지요. 하지만 혼자서는 자신의 잠재력을 찾는 것도, 성장하는 데도 한계가 있습니다. 우리의 잠재력은 어렵고 힘든 일을 할 때 발현되기 때문입니다. 주변에 의지할 사람이 없으면 도전보다는 안전한 길을 선택할 가능성이 높습니다. 홀로 책임지며 사는 사람에게 한 번의 실패는 곧 회복 불가능한 패배로 생각되기 때문입니다.

우리는 부모와 양육자들의 헌신으로 성장했고, 주변의

많은 사람들과 서로 도움을 주고받으며 계속 성장합니다. 힘이 들어 포기하고 싶을 때 기꺼이 손을 잡아 주고 기댈 어깨를 빌려주는 사람 덕분에 꿈을 이루고 앞으로 나아가지요. 이렇듯 우리는 서로 의지하고 서로를 붙들어 주며 함께 성장하는 존재입니다.

친밀한 인간관계는 정신건강과 내적 성장에 지대한 영향을 줄 뿐만 아니라 신체 건강에도 긍정적 영향을 줍니다. 친밀하고 건강한 관계를 유지하는 사람들이 더 젊고 오래 살 확률이 높다는 것입니다. 오지 탐험가이자 저널리스트인 댄 뷰트너Dan Buettner의 <100세까지 살기: 블루존의 비밀Live to 100: The Secrets of Blue Zones>이라는 다큐멘터리에서는 전 세계의 장수촌, 즉 블루존을 소개합니다. 여기서 소개하는 블루존들의 공통점 중 하나는 마을 사람들 모두가 가족이나 친구처럼 지낸다는 것입니다. 함께 일을 하고, 함께 먹고, 함께 일상을 보내는 든든한 커뮤니티에서는 누군가가 어려운 일을 당하면 도와주고 또 기쁜 일이 있을 때 함께 즐거운 시간을 보낸다고 합니다.

요즘 우리나라에서는 청년과 중장년층의 고독사 비율이 가파르게 늘고 있다고 합니다. 마음만 먹으면 타인과 손쉽게 교류할 수 있는 요즘이지만, 오히려 모든 관계가 단절

된 채 자신만의 공간에 갇혀 쓸쓸하게 생을 마감하는 사람이 늘고 있는 것입니다. 이들에게 힘들고 어려울 때 이야기할 수 있고 도움을 요청할 수 있는 누군가가 있었다면 어땠을까요?

이처럼 건강한 인간관계와 신체, 심리 건강은 서로 밀접한 연관이 있습니다. 부양해야 할 가족이나 규칙적으로 만나는 친구, 좋은 영향을 주고받는 커뮤니티가 있으면 서로의 건강을 챙겨 주고 주기적으로 안부를 물으며 도움을 주고받지요. 이렇게 서로 간의 책임과 유대감으로 묶여 있는 관계가 우리를 더 건강하게 만들어 줍니다.

인간관계의 주도권은
나에게 있다

인생은 시간으로 이루어져 있습니다. 무엇을 하든 시간과 에너지를 쏟을수록 좋은 성과가 나올 가능성이 크지요. 인간관계도 마찬가지입니다. 서로에 대한 관심이나 함께하는 시간 없이 가까워지고 깊어지는 관계는 없습니다. 관계를 유지하는 데에도 시간과 에너지가 필요합니다. 그러나 문제는 우린 해야 할 일도, 신경 써야 할 관계도 너무 많다는 것이지요.

나이가 들면 자신의 가치관과 생활 반경이 달라집니다. 그로 인해 삶의 우선순위도 바뀌지요. 어린 시절엔 부모가 가장 소중하다가 사춘기가 되면 친구가 가장 중요한 존재가 됩니다. 그러다가 사랑하는 연인이 생기면 또 우선순위가 바뀝니다.

이렇게 관계의 우선순위가 달라지는 것이 인생입니다. 관계가 꼬이는 것은 모든 관계를 동일한 수준으로 유지하려고 하기 때문입니다. 인간관계의 우선순위만 잘 정리되어도 사실 많은 갈등을 줄일 수 있습니다.

인간관계 우선순위의 결정권은 나에게 있습니다. 그리고 모든 관계를 동일한 깊이와 거리로 맺을 수 없습니다. 따라서 모든 사람들과 잘지내려고 애쓰기보다는 나에게 소중하고 의미 있는 사람들과의 관계에 집중해야 합니다. 내 인생에 정말 중요한 사람, 내가 정말 사랑하고 아끼는 사람, 내가 정말 사랑받고 싶은 사람은 누구인지 스스로에게 질문하며 관계의 깊이와 거리를 스스로 만들어 가기 바랍니다.

나만 잘해서는
되지 않는 관계

인간관계 문제는 소통의 부재나 서로의 기질, 성격을 이해하지 못해서 발생하는 경우가 대부분이지만 간혹 상식 이하의 언행이나 행동을 하는 사람들이 우리를 괴롭게 할 때가 있습니다. 감정 조절을 못하는 사람, 공감 능력이 떨어지는 사람, 나르시시스트와는 일반적인 인간관계를 맺기 어렵습니다. 거기에다 어린 시절 정서적 지지와 건강한 애착을 경험하지 못한 사람이라면 인간관계에서 지나치게 이기적이거나 집착, 회피하는 모습을 보이기도 합니다.

관계 문제는 양쪽 모두 함께 노력을 해야 좋아집니다. 누군가의 전적인 헌신이나 희생으로 만들어지는 관계는 절대로 건강할 수 없습니다. 하지만 정서적 문제로 나를 힘들게 하는 사람들의 경우 스스로 변화해야겠다는 인식이 없다는 것이 문제입니다. 누군가와 함께 있을수록 성장은커녕 시들어 간다고 느낀다면 반드시 과감하게 거리를 두어야 합니다. 아무리 건강한 사람이라도 바이러스에 자주 노출되면 병에 걸릴 수밖에 없듯이 인간관계도 마찬가지입니다.

만약 나와 친밀한 사람이 정말 나에게 유해한 존재라면 완전히 차단해야 합니다. 폭력이나 학대를 행하는 연인이나 배우자, 가족, 직장상사 같은 경우는 법적 조치를 취해서라도 강력하게 거리를 두어야 하지요. 하지만 세상엔 이렇게 완벽하게 차단하기 어려운 관계가 훨씬 더 많습니다. 심리적·정서적으로 나를 이용하고 힘들게 하는 관계는 어디서든 만날 수 있습니다. 하지만 이런 이유로 절연하거나 직장을 옮기기는 쉽지 않은 것이 현실입니다. 그런 상황에서 건강한 거리 두기를 할 수 있는 방법을 소개합니다.

첫째, 물리적 거리를 두고 만남을 줄입니다. 만나는 횟수나 시간 등을 제한하고 정해진 날짜와 시간에만 만나는 것입니다. 예를 들어 원치 않는 회식을 강요하는 상사라면 한 달에 한 번만 참석하겠다고 하던지 그 시간에 정해진 스케줄이 있다고 알리는 것입니다. 자신이 해야 할 의무를 제외한 만남은 최대한 줄이는 시도를 할 수 있습니다.

둘째, 자신의 한계를 알려 줍니다. 시도 때도 없이 함부로 나의 시간, 물질, 에너지를 남용하는 사람에게는 도와줄 수 있는 한계를 알려 주어야 합니다. 가족이라는 이유로 개인의 공간이나 경제력을 함부로 사용하고 있다면 지원해 줄 수 있는 범위를 알려 줍니다.

셋째, 자신에게 맞는 건강한 사람 또는 만남을 찾습니다. 힘들어도 어쩔 수 없이 나쁜 관계에 끌려다니는 이유 중 하나는 '외로움'입니다. 만나면 괴롭지만 또 영원히 홀로 될까 봐 두렵기 때문입니다. 따라서 유해한 관계에 끌려다니기보다는 자신에게 맞는 모임을 찾는 것이 도움이 됩니다. 자신을 지지해 주고 건강한 관계를 만들어 가는 사람들과 어울리다 보면 나를 힘들게 하는 사람들과 멀어질 수 있는 용기가 생깁니다.

치유와 회복은 결국
나의 몫

제가 만난 한 내담자와 그녀의 언니 이야기입니다. 그들의
부모는 자매가 아주 어릴 적에 이혼했고, 어머니는 일찌감치
재혼을 합니다. 아버지는 자매를 책임지지 않고 떠났고요.
그들은 보육원을 전전하다 미혼인 이모와 외할머니를 따라
미국으로 이민을 가게 됩니다. 결혼은 물론이고 아이도 키워
본 적 없는 이모는 조카들을 어떻게 키워야 할지 몰랐습니
다. 말을 듣지 않으면 때렸고, 종종 심한 말을 쏟아 내면서 조
카들을 키웠습니다. 자매 중 언니는 자라면서 나쁜 친구들과
어울려 이모를 더욱 힘들게 했습니다. 소년원을 들락거리다
도망치듯이 한국으로 돌아가 버리고 말지요. 동생은 만 열여
덟 살이 되자마자 이모의 집에서 쫓겨납니다. 이제 어른이
되었으니 혼자 살아야 한다면서요.

　　갑작스럽게 혼자가 된 동생은 언니처럼 나쁜 길로 빠질
수 있었으나, 자신의 처지를 비관하지도, 포기하지도 않았습

니다. 학교를 다니고 아르바이트도 하며 자신의 삶을 책임지기 시작했지요. 안 해 본 아르바이트가 없다고 할 정도로 닥치는 대로 일했고 자신의 꿈도 포기하지 않았습니다. 스스로를 책임지며 살아야 했기에 대학을 졸업하기까지 8년이라는 세월이 걸렸지만, 결국 원하던 공부를 마치고 번듯한 직장에서 일하게 되었습니다. 세월이 한참 흐른 후, 동생은 한국으로 돌아간 언니의 소식을 듣게 됩니다. 사기죄로 쫓기는 신세가 되었다는 가슴 아픈 소식이었습니다. 동생은 힘든 어린 시절을 함께한 언니가 어쩌다 자신과 전혀 다른 삶을 살게 되었는지 안타까워했습니다.

부모에게서 제대로 된 사랑을 받지 못한 경험, 누군가에게 크게 상처를 받은 경험 때문에 치유와 회복이 필요한 내면을 외면해서는 안 됩니다. 물론 그런 경험의 원인에 나의 잘못은 하나도 없지만, 상처를 치유하고 회복하는 것은 전적으로 나의 몫이기 때문입니다. 때론 상처나 아픔들을 치유하지 않고 덮어 두는 것이 쉬운 방법처럼 보이기도 합니다. 하지만 치유되지 않은 상처들은 언젠가 반드시 다시 터집니다. 오래 묵히고 방치한 감정일수록 상처는 더 깊어지지요.

전작 《가족이지만 타인입니다》에서 육아를 하며 뼈를 깎는 노력이 필요했다는 제 이야기에 어떤 사람은 너무 억울하지 않느냐고 반문했습니다. 어린 시절 부모에게 상처 받고 자란 것도 억울한데 또 뼈를 깎는 노력을 해야 하는 것이 불공평하다는 것입니다. 맞는 말입니다. 저도 무척 억울하고 화가 날 때가 한두 번이 아니었습니다. 몰랐던 것은 배우고, 어색한 것은 연습하고, 하지 말아야 할 말과 행동은 이를 악물고 참는 것이 절대로 쉬운 일이 아니였습니다.

　부모에게서 본 대로, 배운 대로 하는 육아가 저에겐 더 쉬웠을 것입니다. 하지만 저의 상처를 회복하고 옳은 방법을 실천하는 것이 저를 살리고 아이들을 사랑하는 방법이었습니다. 내면의 상처를 회복하지 못해서 아이들에게 저와 똑같은 아픔과 고통을 대물림한다면, 그땐 부모가 아닌 저를 용서하지 못할 것 같았습니다. 그래서 치유하기로 마음먹었습니다. 저를 위해서, 목숨보다 소중한 아이들을 위해서 힘들고 어려운 길을 선택한 것입니다.

　나에게 상처를 준 사람들의 미숙함은 나의 탓이 아니지만, 회복과 성장은 온전히 나의 선택이고 책임입니다. 내 처지가 어떠하든지 그 상황에서도 나를 위해 최선의 선택을 하는 것이 진정한 자기 사랑입니다.

영원한 관계는 없다

상담실에서 만나는 많은 내담자가 상대가 변했다고 분통을 터트리고 억울해합니다. 품속에 있던 아이가 사춘기가 되어 자신의 목소리가 커진다고 서운해하고, 결혼 후 배우자가 완전히 다른 사람이 되었다고 한탄합니다. 하지만 제가 보기엔 지극히 정상적인 변화입니다. 오히려 상대에 대한 비현실적 기대와 소망 때문에 실망하는 것입니다.

친구도 마찬가지입니다. 어린 시절 마음이 잘 맞던 단짝 친구도 성인이 되어 각자 자기의 진로를 선택하고 거기에 따른 다양한 경험을 하게 되면, 가치관이나 삶의 태도가 달라집니다. 또 결혼을 해서 육아라도 하게 되면 정말 친구를 만날 시간이 없지요. 우정이 떠난 것이 아니라, 환경이 그런 시간을 허락하지 않는 것입니다. 그래서 소홀해지거나 멀어지게 되지요. 이렇듯 관계는 영원 불변하지 않습니다. 오랜 시간 알고 지낸 사람도 한순간에 멀어지곤 하지요.

　사람은 성장하고 성숙하는 것이 건강한 모습입니다. 유아 시기엔 우유를 먹다가 시기가 되면 이유식을 시작하고 이가 나면 딱딱한 음식도 먹습니다. 다 큰 아이에게 여전히 젖병을 물린다면, 그건 사랑이 아니라 아이를 병들게 하는 것입니다.

　관계의 모습이 달라진다는 것을 가장 인정하기 어려운 사이가 부모 자녀 사이인 것 같습니다. 자녀가 성장함에 따라 부모의 역할도 달라진다는 것을 받아들여야 합니다. 아이가 어릴 땐 24시간 아이를 돌보는 양육자이자 보호자이지만, 자녀가 성장하면 양육자나 보호자 역할은 필요가 없어집니다. 사춘기에는 상담가나 멘토가 되어 주고, 성인이 되면 자녀를 묵묵히 지지해 주는 응원자가 되어 주어야 하지요.

　인생이라는 여정을 걸어가다 보면 만남과 헤어짐은 필연적입니다. 갑자기 좋은 인연을 만나듯이 어쩔 수 없이 헤어지는 경우도 생깁니다. 또한 나에게 여러모로 득이 되지 않는 관계라면 과감히 떠나야 할 때도 있고, 때로는 놓아 주는 것이 진정한 사랑이기도 합니다. 그러니 연이 닿지 않는 관계를 억지로 붙잡아 두려고 애쓰지 말고 지금 내 곁에 있는 사람들을 더 사랑하기를 바랍니다.

임신과 출산 후 배우자와의 사이가
예전 같지 않습니다.
다시 예전처럼 가까워질 수 있을까요?

우리 뇌는 변화를 그리 좋아하지 않습니다. 변화에 적응하려면 많은 에너지와 노력이 필요하기 때문입니다. 정신과적 진단 중 '적응장애 adjustment disorder'라는 것이 있습니다. 사업 실패, 이민, 전학, 이혼 등 삶에서 일어나는 큰 변화로 인해 겪는 심리적 어려움입니다. 임신과 출산은 개인의 인생에서 매우 큰 변화이지요. 따라서 부부 모두에게 힘든 것은 너무나 당연합니다. 부모의 돌봄 없이 아무것도 할 수 없는 연약한 생명을 책임져야 하기에 많은 것이 달라집니다. 특히 여성은 출산을 하고 나면 에스트로겐, 프로게스테론, 옥시토신 등 호르몬의 영향으로 아기에게 더욱 애착을 갖게 됩니다. 그로 인해 남편에게 소홀해지는 것입니다.

게다가 부부에게 주어진 시간과 에너지의 양은 같은데 출산과 육아는 끝도 없는 헌신과 돌봄이 필요하지요. 잠도 제대로 못 자고 체력적으로 한계에 다다르면 스트레스 조절 능력이 떨어지기에 예민해지고 인내심이 부족해집니다. 그러니 육아를 하다가 서로 짜증 내고 싸우는 것은 어쩌면 자연스러운 일일 것입니다.

출산과 육아라는 큰 변화를 맞이했다면 유연한 관계 조율이 필요합니다. 먼저 부부 모두에게 힘들고 어려운 시기임을 인정하고, 서로의 기대를 조절해야 합니다. 육아를 하면서 서로에게 예전과 같은 기대치를 요구하는 것은 무리입니다. 둘만의 시간이 부족할 수 있고, 집안일을 전만큼 깔끔하게 하지 못 할 수도 있습니다. 이런 변화가 사람이 아니라 상황 때문이라는 것을 기억하고 서로에게 합리적인 기대를 해야 합니다.

힘든 육아의 시간은 영원하지 않습니다. 부모의 전적인 도움과 돌봄이 필요한 시기도 언젠가는 끝이 나지요. 이 시기에 소원한 부부관계를 계속 방치한다면 오해와 섭섭함이 쌓여서 더욱 돌이키기 어려워질 수 있습니다. 아이를 잘 돌보는 것에 집중해야 하겠지만 배우자에 대한 관심과 애정표현도 그만큼 중요합니다. 예전처럼 많은 시간을 보내지 못하더라도 배우자가 여전히 나에게 소중한 사람이라는 것을 표현해야 하지요. 일상에서 함께할 수 있는 소소한 행복을 찾고, 고생한 서로를 격려하며 대화하는 시간이 필요합니다. 전처럼 여행을 가거나 데이트를 할 수는 없어도 아이를 재우고 난 뒤에 함께 좋아하는 영화를 보거나 맛있는 걸 먹으며 대화해 보세요. 이런 사소한 시간들을 켜켜이 쌓는 것이 단단한 관계를 유지하는 비결입니다.

힘든 때일수록 신뢰를 깨는 행동이나 말을 하지 않도록 각별히 조심해야 합니다. 힘들고 지쳤을 때 받은 상처는 더 오래 기억되기 때문입니다. 대단한 선물이나 이벤트로 환심을 사는 것보다 일상에서 배우자의 신뢰에 타격을 줄 만한 언행을 조심하는 것이 더 현명한 방법입니다. 서로 간의 신뢰만 잃지 않으면 잠시 흔들렸던 관계도 얼마든지 다시 회복할 수 있습니다.

8장

사랑을 기반으로 한
관계 시작하기

공든 탑은 쉽게 무너지지 않는다

가족이나 부부관계에서 흔히들 하는 말이 '이심전심'입니다. 내가 말을 하지 않아도 혈연이기에, 부부이기에 다 알 것이라는 착각을 하는 것입니다. 이 착각 때문에 관계가 꼬이고 오해가 생깁니다. 노력과 헌신도 하지 않게 되지요. 그러나 유익하고 좋은 것 중에 노력 없이 되는 것은 없습니다. 꾸준히 운동을 해야 근육이 생기고, 공부를 해야 성적이 오르고, 계속 그림을 그려야 실력이 느는 것은 당연합니다. 이런 분야에서 운이나 요행을 바라는 사람은 없습니다. 그러면서 유난히 관계에 대해서만 애쓰거나 노력하지 않아도 친밀한 관계가 저절로 유지되길 바랍니다.

인생에서 가치 있는 일들은 꾸준한 노력과 훈련으로 만들어집니다. 그리고 우리는 헌신과 노력으로 얻은 것을 소중히 여깁니다. 길을 가다 주운 10만 원과 하루 종일 열심히 일하고 받은 10만 원의 가치는 절대로 같지 않습니다. 고생해

서 번 10만 원은 함부로 쓰지 않지요. 헌신과 노력으로 정성
스럽게 만들어진 관계도 마찬가지입니다. 그것을 깨고 싶지
않기에 더 애를 쓰고 조심하게 됩니다. 공든 탑을 무너뜨리
고 싶은 사람은 없기 때문입니다.

　우리는 가까운 사람들과 사랑을 주고받으며 살고 싶어
합니다. 그러나 정작 그런 관계를 이루기 위해 헌신하고 노
력해야 할 부분에 대해서는 고민하지 않습니다. 가족이기에,
사랑하니까 쉽게 생각하는 것입니다. 그러나 가까운 관계야
말로 노력과 훈련이 필요합니다. 나의 고집만 세우지 않을
결심, 상대에게 관심을 갖고 알아 가려는 노력, 다름을 이해
하려는 노력, 그리고 갈등을 해결하고, 용서하고, 화해하는
이 모든 과정은 절대로 한두 번의 노력으로 되지 않습니다.

　요즘 많은 사람이 인터넷이나 SNS에서 관계 문제에 대
한 답을 얻습니다. 인정과 칭찬, 공감, 경청 등을 몰라서 못
하는 것이 아니라 하기 싫어서 안 하는 것일 뿐입니다. 노력
해도 금방 결과가 나타나지 않기 때문입니다. 하지만 일상에
서 좋은 것을 선택하려는 작은 노력들이 쌓여야만 관계가 좋
아집니다. 큰 선물이나 이벤트보다는 매일매일 서로에게 향
하는 말과 행동의 습관이 달라져야 합니다. 익숙했던 삶의
습관들을 사랑하는 사람과 가족을 위해 바꾸려는 노력과 헌

신만이 관계를 달라지게 합니다.

흔히 불륜, 양다리, 사기, 거짓말 등 부도덕한 행동만이 인간관계의 신뢰를 무너뜨린다고 생각합니다. 그래서 외도나 거짓말을 하지 않는 자신은 꽤 괜찮은 사람이라 착각하기도 합니다. 그러나 친밀한 사이에서의 신뢰는 훨씬 더 섬세하게 쌓이고 또 무너집니다. 서로에 대한 기대가 크기 때문이지요. 따라서 신뢰를 쌓기 위해 더 세심한 노력이 필요합니다. 이런 노력으로 빚어진 관계는 쉽게 무너지지 않습니다.

사랑하는 사람에게
안전한 사람 되기

마음을 회복하고 싶다면 스스로에게 솔직해질 용기가 필요하다고 했습니다. 사실 관계에서도 솔직함은 무척 중요합니다. 솔직하지 못한 마음과 행동 때문에 관계가 꼬이기 때문입니다. 우리가 솔직해지지 못하는 이유는 연약한 마음을 드러냈을 때 상대가 나를 얕잡아 보거나 공격하지 않을까 두려워서입니다. 인간은 본능적으로 자신을 보호하기에 상대에게 완벽히 안전하다는 느낌을 받지 못하면 솔직해질 수가 없습니다.

소통이 되는 관계는 자주 만나거나 함께 사는 관계가 아니라 나의 힘듦이나 연약함을 나눌 수 있는 관계입니다. 가족치료사 버지니아 사티어Virginia Satir는《아이는 무엇으로 자라는가》(강유리 옮김, 포레스트북스, 2023)에서 건강한 가족은 좋은 일뿐만 아니라 불평도 털어놓을 수 있는 관계여야 한다고 했습니다.

내담자들을 만나다 보면 일상 대화를 나누고 기쁜 일을 함께 즐거워할 사람은 주변에 많지만 힘든 일이나 고민을 털어놓을 사람이 없다고 이야기합니다. 자신의 나약함이나 치부를 안전하게 드러내 놓을 수 있는 사람은 없는 것입니다.

정말 믿을 수 있는 사람, 의지할 수 있는 사람, 무슨 말을 해도 나를 공격하지 않을 사람이라는 믿음이 있다면 솔직해질 수 있습니다. 결국 소통의 기본은 서로가 서로에게 안전한 사람이 되어 주는 것입니다. 따라서 사랑하는 사람과 진정 마음으로 소통하고 잘 지내고 싶다면 그들에게 누구보다 안전한 사람이 되어 주어야 합니다.

안전한 사람은 첫째, 공격하지 않는 사람입니다. 신체적 공격뿐만 아니라 심리적, 언어·비언어적 공격도 포함됩니다. 대화에서 말로 전달되는 내용은 30%에 불과하다고 합니다. 말하지 않아도 얼마든지 상대방을 무시하고 공격할 수 있지요. 오히려 말투, 태도, 눈빛, 표정, 몸짓에서 나타나는 비언어적 메시지가 더욱 상처를 주기도 합니다.

저의 남편은 고등학교 시절 부모님 몰래 누나의 새 차를 끌고 나갔다가 사고를 낸 적이 있습니다. 그때 시아버지는 남편에게 한마디 말씀도 없이 강렬한 눈빛으로 남편을 쏘아보았는데, 그 눈빛이 "저 한심한 놈! 쓸모없는 놈" 하고 호통치는 것처럼 느껴져 어린 마음에 죽어야겠다는 생각까지 들었다고 합니다.

이렇게 눈빛 하나만으로도 얼마든지 상대를 공격할 수 있습니다. 따라서 어떤 상황에서도 상대의 약점을 잡아 공격, 비난, 무시하지 않고 문제 해결에 집중해야 합니다. 타인의 공격이나 비난에 상처받지 않을 내면의 힘을 키우고, 타인을 공격하지 않는 말투나 태도도 익혀야겠지요. 내면이 건강하지 않으면 나를 방어하기에만 급급하거나, 타인을 공격해 자신을 지키는 어리석은 선택을 하게 됩니다. 건강한 자기사랑과 자존감, 이 내면의 힘이 있으면 타인의 공격에도 흔들리지 않는 내공과 타인의 약점을 공격하지 않고 대화하는 지혜가 생깁니다.

둘째, 상식적이고 예측 가능한 사람, 즉 타인에게 지나치게 휘둘리지 않으면서 자신의 신념과 철학대로 살아가는 사람입니다. 행동이나 신념, 가치관이 일관성 있고 상식적이지요. 상대와의 약속을 잘 지키고 책임감이 있으며, 감정이나 기분에 따라 이랬다저랬다 하지 않습니다. 지키지도 않을 약속을 남발하는 부모를 믿어 줄 자녀는 없지요. 상대에게 얼마나 물질과 애정을 쏟아 붓는지보다 상대가 신뢰할 만한지, 예측 가능한 사람인지가 중요합니다.

셋째, 자신의 감정을 다스릴 줄 아는 사람입니다. 작은 일에도 지나치게 염려하고 불안해하는 사람 혹은 별일 아닌 일에 버럭 화를 내는 사람에게 고민이나 힘든 일을 털어놓을 수 있을까요? 부부나 연인 사이도 마찬가지입니다. 따라서 감정적으로 안정된 사람이 되어야 합니다.

소통은 화려한 언변을 가지고 상대를 설득하는 것이 아닙니다. 자신을 잘 알고 중심을 잃지 않는 안전한 사람이 되는 것이 먼저입니다. 타인을 변화시키는 것이 아니라 스스로 먼저 변화해야 하기에 생각보다 쉬운 일은 아닙니다. 하지만 안전한 사람이 되는 것이 개인에게도, 나를 둘러싼 사람 모두에게도 유익을 줍니다.

장점은 단점이 되고
단점은 장점이 된다

인간은 자기 중심적인 존재입니다. 자신에게 익숙하고 편안한 모든 습관, 가치관, 태도는 어린 시절에 형성되어 거부감이 없기에 옳다고 믿지요. 그래서 종종 자신이 좋아하는 것, 옳다고 믿는 것을 상대에게 강요합니다. 이런 갈등은 특히 가족이나 연인처럼 친밀한 사이에서 빈번하게 일어납니다. 그래서 가까운 사이일수록 자주 싸우게 되지요.

배우자의 공감 능력 부족과 소통의 어려움을 호소한 한 내담자와 이야기를 나눈 적이 있습니다. 내담자는 연애 시절 배우자의 조용하고 진중한 면이 좋아서 결혼했다고 합니다. 그런데 조용하고 진중한 성격이 답답하고 무심한 모습으로 보일 수도 있다는 것을 미처 몰랐다고 했지요. 이처럼 연애 시절에는 매력으로 다가왔던 모습이 일상이 되었을 때 커다란 단점으로 느껴지는 경우가 꽤 많습니다. 성격에는 좋든 나쁘든 양면성이 있기 때문입니다.

무뚝뚝하고 무심한 아버지 밑에서 자란 저는 대화가 잘 통하는 다정한 사람과 결혼하고 싶었고, 그런 사람을 만나 결혼했습니다. 연애 시절, 밤새도록 이야기하고 식당에 가면 의자도 빼 주고 숟가락도 놓아 주는 남편의 다정함이 참 좋았습니다. 그런데 결혼을 하고 보니 남편의 다정한 성격 이면의 모습을 발견하게 되었습니다. 그것은 바로 꼼꼼함과 예민함이었습니다. 남편이 저를 세심하고 다정하게 챙겨 줄 수 있었던 것은 그런 성격 때문이었습니다.

그의 꼼꼼함과 예민함이 일상이 되었을 때 저는 무척 당황했습니다. 남편은 손해를 보거나 실수하는 것을 극도로 싫어하고, 제 눈에는 잘 보이지 않는 것까지 찾아서 지적하며 하나부터 열까지 자신이 원하는 모습이 되어야 직성이 풀렸습니다. 그런 남편을 바꾸어 보려고 애쓰기도 했지만, 그럴수록 갈등과 다툼만 더 커졌습니다. 그러다 다정한 것도, 꼼꼼하고 예민한 것도 모두 남편의 모습이라는 것을 깨달았습니다.

20년 넘게 결혼 생활을 하면서 알게 된 한 가지는 타인은 바꿀 수 없다는 것입니다. 다만 저와 다른 사람과 함께 살면서 사람을 바라보는 시선이 달라졌습니다. 과거 불편했던 사람들의 행동이나 생각을 '틀린 것'이 아니라 '다름'이나 '매력'으로 볼 수 있게 되었습니다. 이렇게 다른 점이 많은 배우자 덕분에 저 자신을 더 잘 알게 되기도 했습니다. 극명한 비교 대상이기 때문입니다. 꼭 배우자나 연인이 아니더라도 이런 친밀한 관계에서 일어나는 갈등은 나 자신을 더 이해하고 타인을 포용하는 계기를 만들어 줍니다.

인간관계에서는 한 사람을 깊이 이해하는 만큼 다른 사람에 대한 이해의 깊이도 달라집니다. 친구, 직장 동료 등 타인과 나의 다름을 인정하고 가까운 누군가와 생기는 갈등과 불편함을 다른 시각으로 바라봐야 합니다. 상대의 단점이라고 생각했던 것이 어떤 상황에서는 장점이 된다는 것을 알면 그 사람 자체를 이해하고 수용하기 쉬워집니다. 이렇게 상대의 성격을 입체적으로 바라보는 시선이 관계를 유연하게 합니다.

안정적인
애착 관계를 돕는 스킨십

가족이나 부부처럼 친밀한 관계를 유지할 때 필요한 것은 뜨거운 애정이 아니라 편안한 애착 관계입니다. 애착은 따뜻함과 신뢰를 기반으로 형성됩니다. 이 애착의 질이 곧 관계의 질을 결정하기에 개인의 애착 유형이 가까운 관계에서의 중요 요소가 되는 것입니다.

　애착에 대한 유명한 실험이 있습니다. 심리학자 해리 할로우Harry Harlow는 우유를 주는, 철사로 만든 엄마 원숭이와 우유를 주지 않는, 부드러운 천으로 만든 원숭이를 두고 아기 원숭이의 애착 발달 과정을 연구했습니다. 이 실험을 통해 애착 형성에 가장 중요한 것은 우유가 아니라 부드러운 접촉이라는 것을 알 수 있었습니다. 아기 원숭이가 하루 종일 부드러운 천으로 만든 엄마 원숭이에게 있다가 배고플 때만 철사로 만든 원숭이를 찾았기 때문입니다.

　가까운 사이에서의 스킨십은 아이뿐만 아니라 성인에

게도 긍정적인 영향을 미칩니다. 안아 주고, 악수를 하고 토 닥여 주는 스킨십은 심리적 소속감과 안정감을 높여 주고 스 트레스를 낮춰 줍니다. 심지어 신체적 고통을 완화해 준다고 도 하지요. 스킨십을 하며 서로에게 안정감과 편안함을 느낀 다면 관계는 좋아질 수밖에 없습니다. 따라서 자연스러운 스 킨십이 가능한 관계는 건강한 애착관계를 가지고 있다는 것 을 의미하기도 합니다.

　서로 간에 합의되지 않은 스킨십은 불쾌함을 넘어 범죄 가 될 수도 있습니다. 하지만 부부, 부모 자녀, 연인처럼 가까 운 사이에서 스킨십이 사라지는 것은 건강한 신호는 아닙니 다. 스킨십이야말로 가족처럼 가까운 사이에 허락된 위로와 회복의 도구입니다. 친밀한 사이에서 필요한 것은 애착 관계 이고 애착은 스킨십을 통해서 형성됩니다.

마음과 마음을 연결하는
감정 소통

소통이 큰 화두인 시대입니다. 요즘은 함께 모여서 밥을 먹을 때도 각자 자신의 스마트폰을 보는 것이 자연스럽습니다. 얼굴을 맞대고 대화하는 일을 어려워하는 사람이 늘고 있지요. 소통은 정보나 이야기를 전달하는 것이 아닙니다. 감정을 나누는 것이고 상대를 알아 가려는 노력입니다. 마음과 마음이 전달되는 대화이지요.

요즘의 인간관계를 보면 즐거운 일, 자랑할 만한 일들만 선별해 공유하는 경향이 강합니다. 다른 사람 SNS에 올라오는 게시물들을 보면서 박탈감을 느낀다고들 하지요. 슬픈 일이나 어려운 일은 굳이 드러내고 싶어 하지 않습니다. 타인에게 흠이 되거나 얕보이게 될까 봐 자신의 어려움을 털어놓기 꺼려하지요. 반대로 누군가의 힘든 이야기를 들어주는 것도 어려워합니다. 그래서 힘든 일을 맞닥뜨리면 혼자서 끙끙 앓기도 합니다. 어차피 말해 봐야 해결이 되지도, 도움이 되지도 않는다고 생각하기 때문입니다.

그러나 대화를 통해서 서로 해결하고 조율해야만 하는 문제들도 분명 있습니다. 친밀한 사이에서의 소통은 서로를 알아 가고, 이해하고, 지지하는 것이어야 합니다. 옳고 그름을 판단해 문제를 해결하는 데 초점을 두기보다는 서로를 더 이해하는 대화를 해야 관계 문제를 잘 해결할 수 있습니다. 상대를 알아 가고 존중한다는 말은 상대의 고유 감정을 존중한다는 것입니다. 감정이야말로 개인의 고유성을 나타내는 중요한 척도입니다. 따라서 내 감정이 수용 받지 못할 때 존재적 거부를 느낄 수밖에 없습니다. "왜 그런 일로 힘들어해?" "이런 게 뭐가 좋아?" 이렇게 감정을 거부당하면 이런 일로 슬퍼하고, 화내고, 짜증 내고, 속상해하는 나 자신이 거부당하는 것처럼 느껴집니다. 이런 일이 반복되면 마음의 벽이 생기게 되지요.

부부나 부모 자녀가 각자 자신들의 의무나 책임을 다하면서도 서로가 어색하고 친밀하지 못한 이유가 여기에 있습니다. 자신도 모르게 상대의 감정을 부정 혹은 거부하며 상대를 부정해 버린 것이지요. 상담실에 찾아오는 내담자들이 흔히 하는 이야기가 "성실하고 착한 남편이지만 아이들 마음을 몰라요" "책임감 있고 성실한 부모님이지만 대화가 안 통해요"입니다. 가정에서 감정 소통이 전혀 되지 않고 있는 것이지요.

제가 남편에게 가장 고마워하는 순간 중 하나는 신혼 초, 어린 시절 내면의 상처가 올라와 심하게 울던 날입니다. 아버지와의 갈등으로 눈물을 쏟던 저는 남편이 "그래도 아버지한테 그러면 안 되지. 이제 너도 어른인데 그만해"라고 말할 줄 알았습니다. 제가 어릴 적 상처로 슬퍼하고 분노할 때마다 주변 사람들의 반응이 그랬기 때문이죠. 그러나 남편은 울고 있는 저를 가만히 안아 주며 울고 싶으면 실컷 울라고 말해 주었습니다. 살면서 누구도 그렇게 저의 감정을 있는 그대로 지켜봐 준 사람이 없었습니다. 울면 운다고, 뚱해 있으면 속이 좁다고, 화를 내면 버릇없다며 혼이 났지요. 그래서 늘 혼자 울고 혼자 분을 삭일 수밖에 없었습니다. 감정을 억압하며 살아 왔던 저를 남편이 있는 그대로 인정해 주고 안아 준 그때부터 마음의 상처가 회복되기 시작했습니다.

남편이 저에게 보여 준 행동은 '감정 수용'입니다. 감정 수용과 공감의 치료적 효과를 몸소 경험해 본 것입니다. 감정 수용은 제가 심리 상담가로서 내담자를 대하는 방법이기도 합니다. 세상에서 거부당하고 인정받지 못했던 내담자가 억눌린 감정을 토해 낼 수 있도록 기다려 주고 묵묵히 들어 줍니다. 그러다 울지 못했던 내담자가 울음을 터트리고 억눌렸던 화나 분노를 터트리기 시작할 때 회복이 시작됩니다. 이렇게 서로의 감정을 인정하고 수용해 주면 서로의 마음이 받아들여졌다고 느끼게 되고, 그때 진정한 소통을 할 수 있습니다.

감정 소통을 할 때 절대로 오해하지 않아야 하는 것이 있습니다. 상대와 한마음 한 뜻이 되어야 한다고 생각하고 상대의 생각, 행동 모두를 동의해야 한다고 믿는 것입니다. 하지만 이는 큰 착각입니다. 소통이나 공감은 동의나 일치가 되어야 하는 것이 아니라 상대의 감정이나 의견을 인정하고 존중하는 것입니다. 아무리 가까운 사이라도 감정과 생각이 다르다는 것을 인정하는 것이지요. 그래야 나의 감정도 편안하게 나눌 수 있습니다.

예를 들어 상대방이 "출근하기 싫다" "일하기 싫다"라고 이야기했을 때 감정을 인정한다는 것을 "그래, 회사 다니기 싫으면 다니지 마"로 착각하면 안 됩니다. 감정을 수용한다는 것은 상대의 출근하기 싫은 그 힘든 마음을 이해한다는 뜻이지, 상대의 모든 행동에 동의하거나 그것을 정당화하는 것이 아닙니다. 진짜 감정 소통은 "맞아, 회사 다니는 거 너무 힘들지. 뭐가 그렇게 힘들어?"라고 물어보면서 속마음을 이야기할 수 있게 관심을 가져 주는 것입니다. 그렇게 상대가 답답한 고민과 문제를 털어놓다 보면 조언 없이도 스스로 답을 찾게 되기도 합니다.

　　감정 소통을 하기 시작하면 "아, 너는 그렇게 느꼈구나. 그럴 수도 있겠다"라는 말을 자주 하게 됩니다. 이 말은 "네가 느끼는 모든 감정은 정당한 거야"라는 뜻입니다. 자연스럽게 느끼는 감정을 존중하는 것은 개인의 존재를 존중하고 인정하는 것으로 연결됩니다. 이런 감정적 소통이 일어나면 신뢰와 친밀감은 높아질 수밖에 없지요. 함께 소통하며 서로 간의 신뢰와 이해가 높아졌을 때 비로소 건설적인 충고와 조언이 효과를 발휘하게 됩니다.

자신과 대화하기

자신과의 대화는 혼자서 '나는 잘할 수 있다. 뭐든지 잘될 거야!'라고 주문처럼 되뇌는 말이 아닙니다. 자신을 객관적으로 직면하고, 스스로 격려하고 질문해서 자신만의 답을 찾는 과정입니다. 이것이 필요한 이유는 우리가 생각보다 나 자신을 잘 모르기 때문입니다. 사회적 기준이나 사회적 역할에 맞춰 살다 보면 내면의 욕망이나 감정을 숨겨야 할 때가 많지요. 그렇기에 '나도 내 맘을 잘 모르겠다'라는 생각이 드는 것입니다. 이런 복잡하고 꼬인 마음을 찬찬히 푸는 것이 나를 돌보는 것입니다.

'지금 뭐가 제일 힘드니?'

'왜 지금 그런 생각(감정)이 드는 것 같아?'

'언제부터 그런 거지?'

'원하는 게 뭐야? 원하는 것을 이루려면 어떻게 해야 하지?'

'이 상황에서 할 수 있는 최선의 선택은 뭘까?'

스스로에게 이런 질문들을 하고 솔직하게 답함으로써 자신만의 답을 찾는 것입니다. 이렇게 자신과의 대화가 훈련이 되면 순간의 감정을 읽는 것이 쉬워지고 다른 사람과 대화할 때 자신의 바람이나 의견을 더 분명하게 전달할 수 있습니다. 상대를 비난하거나 상처를 주지 않으면서 속마음을 털어놓을 수 있으니 관계를 개선하는 데 큰 도움이 되지요.

남편과 저는 출근을 하고 세 아이가 모두 비슷한 시간에 등교를 하던 때가 있었습니다. 아침은 그야말로 매일같이 전쟁이었지요. 저는 '절대로 지각하면 안 돼. 미리미리 가야지'라는 주의였고 남편은 '사정이 있으면 좀 늦을 수도 있지'라고 느긋하게 생각하는 편이었습니다. 그러다 보니 바쁜 아침에 저는 아이들을 다그치는 일이 잦았고 남편은 그런 저를 못마땅하게 생각해 간혹 말다툼을 하곤 했습니다. 이렇게 반복적인 갈등이 일어날 때 제 자신과 대화를 나누곤 합니다.

'애들이 지각하는 게 왜 그렇게 싫은 걸까?'
'제시간에 등교하는 습관을 키워 주는 건 당연한 거야.'
'하지만 남편 말대로 아이들이 꼭 10분 전에 학교에 도착하

길 원하잖아.'

　'교실에 아슬아슬하게 도착하는 건 너무 불안해.'

　'왜 불안해? 제시간에 들어가기만 하면 되는 건데.'

　'여유 있게 교실에 앉아 있으면 더 좋지. 나는 아슬아슬한 시간에 등교했다가 교문 앞에서 벌서고 맞은 적도 많았어.'

　'급하게 등교했다가 안 좋은 경험을 했구나. 그래서 불안했던 거야.'

　대화를 하고 나니 저의 불안감 때문에 아이들을 다그쳤다는 것을 깨닫게 되었습니다. 이후 남편에게 제가 느꼈던 감정의 이유를 솔직히 이야기했고, 아이들이 늦지 않도록 도와달라고 했습니다. 그 이후로 아침 실랑이는 사라졌습니다.

　자신과의 대화를 하기 위해서는 나를 '질문하는 나'와 '대답하는 나'로 나누어야 합니다. '질문하는 나'는 나의 상황과 처지를 제삼자의 눈으로 객관적으로 바라봅니다. 자신을 관찰자 입장으로 바라보며 타인에게 하듯 질문하고, '대답하는 나'는 질문들에 최대한 숨김 없이 솔직한 마음을 털어놓아야 합니다. 이를 통해 미처 인지하지 못했던 진짜 욕망이나 감정을 알게 되면 마음이 평안해지고, 상대를 탓하거나 비난하지 않고도 관계 문제를 잘 해결할 수 있습니다.

'나 전달법'으로
소통하기

우리는 대화를 할 때 일반적으로 '너 전달법You-Message'을 자주 사용합니다. 상대가 중심인 대화 방법이지요. 상대를 인정하고 칭찬하는 말이 아닌 이상, 너 전달법은 상대방에 대한 평가, 판단, 비난이 되기 십상입니다. 싸울 때 흔히 "너는 이게 문제야" "대체 생각이 있는 거야?"라고 말하곤 하지요. 상대의 행동으로 인해 화가 났으니 상대방을 문제 삼는 방식입니다.

'나 전달법I-Message'은 문장을 '나는' 혹은 '내가'로 시작합니다. 대화의 중심을 상대가 아닌 나에게 두고, 내가 느끼고 바라는 바를 말하는 것이지요. "입었던 옷을 잘 정리해 줬으면 좋겠어(바람)" "연락을 좀 자주 했으면 좋겠어(바람)"처럼 나 전달법을 사용하면 논쟁이나 싸움을 줄일 수 있습니다.

소통의 핵심은 상대를 바꾸는 것이 아니라 나의 마음을 예의 있게 전달하는 것입니다. 상대를 비난하거나 판단하지 않고 내가 느끼는 감정과 나의 바람을 정확하게 전달해야 합니다. "나는 당신이 소리 지르면 불안해(감정)" "그렇게 하지 않아도 알아들으니 이제부터는 소리 지르지 말고 말해 줘(바람)"라고 표현하는 것이지요. 이렇게 나 전달법에 익숙해지면 서로에게 상처 주지 않는 대화를 할 수 있습니다. 하지만 머리로는 이해해도 막상 일상에서 적용하기가 어렵지요. 그 이유는 나 전달법을 제대로 사용하려면, 그 순간 내가 느끼는 감정과 나의 욕구, 바람을 알아차려야 하기 때문입니다.

그러나 감정이나 생각을 표현하는 것에 익숙하지 않은 사람이 갑자기 화가 나거나 불편한 순간에 자신의 진짜 감정과 바람을 알아차리기가 쉽지 않습니다. 그래서 나 전달법으로 이야기하려고 마음을 먹으면 말문이 막히는 경우도 있지요. 깊은 대화는 단순히 의사소통 기술 몇 가지로는 되지 않습니다. 자신에 대한 충분한 이해와 인식이 있어야 하지요. 자신과의 대화를 통해 자신의 감정이나 바람, 욕구가 무엇인지 잘 알아야 합니다.

너 전달법은 상대의 약점이나 실수, 잘못을 비난하고 판단합니다. 인간관계에서 이런 비난이나 판단을 고분고분 수긍하는 경우는 없지요. 상대가 나를 공격하면 대부분 방어하거나 변명을 늘어놓습니다. 더 나아가 상대방도 나의 잘못이

나 약점을 끄집어 내어 공격하기도 합니다. 너 전달법을 반복하면 상처만 남는 싸움으로 끝이 나게 됩니다.

소통은 언어유희나 말싸움으로 상대를 설득하고 동의하게 하는 것이 아니라 자신의 의견을 잘 전달하는 것입니다. 특히 가족이나 연인같이 친밀한 관계에서는 부정적인 언어 습관만 바꾸어도 싸움이 확연히 줄어듭니다. 상대를 비난하지 않고 자신의 감정과 욕구를 예의 있게 전달하면 기분 나쁜 감정이 없기에 협의하고 조율하기도 쉬워집니다.

자신의 감정이나 바람과 욕구에 민감한 사람들, 즉 자기 인식 능력이 높은 사람들이 관계도 잘 이끌어 나갑니다. 개인의 감정과 욕구를 제대로 이해하고 표현하는 것은 나를 이해하고 사랑하는 것을 넘어서 인간관계에서도 중요한 요소이므로 반드시 선행되어야 합니다.

말수가 부쩍 줄어든 사춘기 아이와
어떻게 소통해야 할까요?

집안의 기쁨이자 행복인 아이들이 사춘기가 되면 방문을 닫고 부모와 소통을 거부합니다. 사춘기에는 아이의 신체뿐만 아니라 생각과 감정도 달라지기 때문에 이전과는 다른 행동을 보이지요. 이런 변화가 낯선 부모들은 걱정이 이만저만이 아닙니다. 하지만 아이가 강하게 자기 주장을 하고, 부모보다 또래와의 소속감을 더 중요시하는 것은 너무나 자연스러운 발달 과정입니다.

가정이나 학교생활에서 큰 문제가 없는데도 아이가 대화를 피하거나 거부한다면 먼저 나의 대화 패턴을 살펴보세요. 평소에 아이에게 비교, 판단, 훈계를 담은 잔소리를 자주 한다면 아이들이 부모와 이야기하고 싶어 하지 않는 것은 당연합니다.

아이가 어린 시절에 정서적으로 안정된 애착을 형성하지 못한 경우에도 부모와의 대화를 거부할 수 있습니다. 아이와 신뢰 관계를 제대로 형성하지 못하면 부모를 향해 불신이나 원망의 감정을 갖게 됩니다. 부모가 불편하고 부담스러운 존재가 되어 버리는 것이지요.

소통의 목적은 상대를 설득하고 동의하게 만드는 것이 아닙니다. 서로를 알아 가고, 이해하고, 존중하는 것입니다. 게임은 적당히 하고, 늦게 다니지 않고, 공부를 더 열심히 하길 바라는 욕심으로 하는 일방적인 소통은 아이의 마음에 절대 가닿을 수 없습니다.

사춘기 아이와의 소통에 고민이 있다면 먼저 아이와 소통하고 싶은 이유를 살펴보고, 본인이 아이의 나이에 맞게 대하고 있는지 돌아봐야 합니다. 사춘기 아이들은 먹이고 입히고 재워 주는 보호자가 아니라 자신의 고민을 들어주고, 공감해 주고, 응원해 주는 멘토가 필요합니다. 아이가 부모와 다른 의견이나 감정, 생각을 드러낸다 하더라도 거부하거나 비난하지 말아야 합니다. 이것이 부모에게 가장 필요한 태도입니다.

소통의 중요한 기술은 '말하기'가 아니라 '듣기'입니다. 특히 사춘기 아이들과의 대화에서 가장 중요한 것이 '경청'입니다. 부쩍 말수가 줄어든 아이와 다시 소통하고 싶다면 자녀가 무슨 이야기를 하든 끊지 않고 듣는 것이 먼저입니다. 경청은 부모가 아이에게 관심과 사랑을 느끼게 할 수 있는 최고의 방법입니다. 아이의 이야기에 해결책을 제시하거나 잔소리를 하는 대신, 집중하여 듣고 공감해 준다면 굳게 닫혀 있던 아이의 마음이 활짝 열릴 것입니다.

인간관계 상담실

9장

관계 유지하기

싸우지 않으면 괜찮은 걸까?

'싸우지 않는 관계'는 좋은 관계일까요? 겉으로 보기에는 별 문제 없이 잘 지내고 있는 것 같아도 그렇지 않은 경우가 꽤 있습니다. 문제가 있어도 서로 직면하려 하지 않고, 내밀한 소통을 하지 않으며, 적당히 참거나 회피하면서 긴장과 냉랭함을 유지하는 관계들이 그러합니다. 견고한 신뢰와 친밀감이 없는 관계는 쉽게 깨어지고 회복하기 어렵습니다. 오히려 자주 싸우는 것보다 더 위험할 수 있지요.

신뢰를 바탕으로 한 진정한 소통은 갈등과 문제 해결을 통해 이루어집니다. 사람과 사람 사이에는 갈등과 대립이 일어날 수밖에 없지요. 특히 가족이나 연인처럼 아주 친밀하고 가까운 사이에서는 더욱 그렇습니다. 시간과 공간, 물질과 에너지를 공유하기 때문입니다. 미국의 소아과 전문의이자 작가인 클로디아 M. 골드Claudia M. Gold는 《관계의 불안은 우리를 어떻게 성장시키는가》(에드 트로닉. 클로디아 M골드 지음, 정지인 옮김, 북하우스, 2022)에서 이것을 '관계 사이의 불일치'라고 이야기하며 이 관계에서의 불일치를 복구하는 능력, 즉 관계를 다시 회복하고 연결하는 경험이 인간 상호 작용의 핵심이라고 했습니다.

사람들이 갈등이나 싸움에 지레 도망가거나 회피하는 이유도 이전에 갈등이나 싸움을 통해서 불일치를 복구해 본 경험이 없기 때문입니다. 과거 저희 부모님은 고부 갈등 끝에 부부싸움을 할 때면 늘 이번이 마지막인 것처럼 싸웠습니다. 당장이라도 이혼 서류에 도장을 찍을 것처럼요. 제대로 화해하고 회복하기보다는 유야무야 넘어가고, 또 비슷한 일로 싸우는 일이 반복되었습니다. 그때 이 싸움에는 끝이 없다는 것을 알았고, 그것이 저를 불안하고 미치게 했습니다.

지금의 저는 남편과 말다툼이 생겨도 밥과 반찬을 만들고 식사도 합니다. 아이들 숙제도 봐주고 일도 합니다. 남편과의 다툼이 우리 가족의 일상을 크게 무너뜨리지 않으니 아이들도 크게 불안해하거나 걱정하지 않습니다. 갈등을 잘 조율하고, 화해하고, 다시 잘 지낸 경험이 쌓여 이 싸움으로 남편과의 신뢰가 무너지지 않을 것이라는 것을 알기 때문에 갈등을 두려워하지 않는 것입니다.

싸움을 만들지 않는 것만이 최선이 아니라 이런 불일치

와 복구 과정을 적절하고 건강하게 겪어 내는 사람이 인간관계의 고수입니다. 관계 안에서 일어나는 문제를 해결하고 조율할 수 있기 때문입니다. 어린 시절부터 갈등을 적절히 해결하고 다뤄 본 사람은 사람들과도 더 튼튼하고 친밀한 관계를 유지하기가 쉬울 것입니다. 만약 이런 경험이 부족하다면 지금부터라도 관계의 불일치와 갈등을 조율하는 연습을 해야 합니다.

　가까운 사이일수록 갈등을 회피하고, 쉬쉬하고, 덮어 두면 문제가 더 커집니다. 쌓였던 감정이 폭발해서 후에 돌이킬 수 없는 상처를 남기기도 하지요. 중요한 사람과 마음을 터놓고 잘 지내고 싶다면 자신이 갈등과 문제에 어떻게 반응하는지 그리고 갈등을 어떻게 다루는지를 돌아보고, 자신에게 필요한 방법을 배우고 연습해야 합니다.

갈등 해결보다
더 중요한 것

연인이나 배우자, 아이와 '그냥 싸우지만 않고 살았으면 좋
겠다'고 하소연을 하는 내담자들이 있습니다. 크고 작은 갈
등을 반복적으로 겪으면서도 관계가 개선되지 않아 마지막
희망을 갖고 찾아오는 분들입니다. 상담을 통해 인간관계에
서 겪는 갈등을 한 번에 해결하고 싶어 하지만 안타깝게도
단숨에 해결되는 일은 없습니다. 싸우지 않는다고 해서 관계
가 좋아지는 것은 아니기 때문입니다.

　갈등을 잘 해결하고 지혜롭게 싸우기 위해서는 서로를
신뢰하고 존중하는 마음이 가장 중요합니다. 평소에 서로 간
의 애정과 신뢰가 있어야 잘 싸울 수 있는 것이지요. 평소 자
녀에게 관심도 없으면서 아이들의 진로나 성적 문제로 대화
를 시작한다면 싸움이 될 수밖에 없습니다. 배우자나 연인에
게 무심하다면 일상에서 겪는 문제의 해결에 상대가 협조적
일 리 없습니다.

가까운 사이의 관계가 어떻게 견고해지는지 잘 보여 주는 것이 존 가트맨John Gottman 박사의 '부부 관계의 집'입니다. 그는 친밀한 부부나 연인 관계를 이루기 위한 단계 가운데 갈등 해결 능력이 반드시 있어야 한다고 했습니다. 이 관계의 집 이론은 단순히 부부 관계에만 해당되지는 않습니다. 신뢰를 주고받는 모든 관계에 동일하게 적용됩니다.

관계를 잘 만들어 가기 위해서는 우선 집의 기둥을 잘

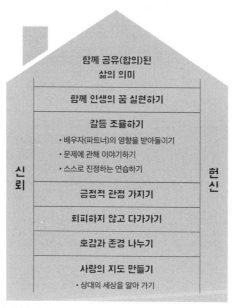

이미지 출처: The Gottman Institute(https://www.gottman.com/)

세워야 합니다. 그것은 '신뢰와 헌신'입니다. 가족처럼 가까운 인간관계에서 서로 신뢰하지 못하고 헌신하지 않는다면 절대로 서로에게 안전막이 될 수가 없습니다. 따라서 관계 안에서 서로 든든히 신뢰하고 책임감 있게 노력하고 있는지 점검해야 합니다. 기둥이 견고하게 받치고 있지 않으면 아무리 다른 것을 열심히 한다고 해도 관계는 늘 불안하고 위태로울 수밖에 없습니다.

기둥을 잘 세우고 나서는 기초부터 집을 지어 올라가야 합니다. 모든 과정은 아래에서 위로 가는 것입니다. 갈등 해결은 아주 상위 단계에 있습니다. 따라서 갈등 해결 능력을 키우기 전에 먼저 쌓아야 하는 단계들이 있습니다. 서로를 이해하기 위한 사랑의 지도를 만들고, 서로에게 애정과 존중을 보여 주어야 합니다. 그리고 회피하지 않고 다가가는 노력을 하면서 상대를 향한 긍정적 관점을 가져야 합니다. 이 단계들이 적절히 세워져 있어야 갈등 조율이 쉬워집니다. 선행 단계를 생각하지 않고 지금 일어나는 갈등만 해결하고 싶어한다면 관계는 늘 제자리를 빙빙 돌게 됩니다.

긍정적 상호 작용이 먼저

사랑에도 언어가 있습니다. 사람마다 원하는 사랑과 인정의 방식이 다르지요. 서로에 대한 이해가 높으면 애정, 존경, 인정을 표현하는 것이 어렵지 않습니다. 상대가 무엇을 좋아하고 싫어하는지 알기 때문이죠. 이렇게 서로에 대한 기질이나 취향을 잘 파악하면 내가 주고 싶은 사랑이 아니라 상대가 원하는 사랑을 줄 수 있습니다. 영어를 잘하는 사람에게 미국은 기회의 나라이지만, 영어가 익숙하지 않은 사람에겐 창살 없는 감옥인 것처럼 인간관계도 비슷합니다. 상대의 사랑의 언어를 알면 서로를 이해하기 훨씬 편해집니다.

자신은 상대에게 최선을 다하고 있는데 점점 관계가 나빠지는 것 같다는 이야기를 하는 사람들이 있습니다. 이런 경우 서로 간의 애정이나 신뢰의 문제라기보다는 사랑의 언어가 통하지 않아서 생기는 문제입니다. 인간은 자기 중심적이라 자신이 사랑하고 싶은 방식으로 상대를 사랑합니다. 그

래서 자신은 최선을 다해서 사랑했는데 상대방에게서 그만
큼의 사랑을 받지 못한다고 슬퍼하거나 상대방이 자신의 사
랑을 모른다고 생각합니다. 예를 들면 부모는 좋은 장난감과
좋은 교육을 제공하는 것이 최고의 사랑이라 믿고, 아이들은
부모의 따뜻한 공감과 칭찬을 사랑이라고 느끼는 것과 같습
니다. 남편은 열심히 일을 해서 가족을 부양하는 것이 곧 사
랑이라고 생각하지만, 가족들은 일에만 매달리기보다 좋은
시간을 함께 보내는 것을 사랑으로 생각하는 것과 같지요.
이렇게 사람마다 '사랑받고 있다'는 느낌을 주는 것이 다릅
니다. 그렇기 때문에 상대방을 잘 알아야 상대가 원하는 사
랑을 줄 수 있습니다.

　　이 애정과 인정의 양과 질이 관계의 질을 결정합니다.
긍정적 상호 작용이 신뢰와 헌신이라는 두 기둥을 튼튼하게
해 줄 뿐 아니라, 갈등이나 문제가 생겼을 때도 의견을 조율
하거나 해결하는 데 도움을 줍니다. 함께여서 좋았던 기억이
많기 때문입니다. 아이와 갈등이 생겨서 아이가 방문을 쾅
닫고 들어가더라도 부모에게 사랑받은 기억, 즐거웠던 기억
이 가득한 아이는 결국 마음을 다시 엽니다. 연인, 가족, 부부
도 마찬가지입니다. 행복했던 추억, 고마웠던 기억이 서로에
게 돌아가는 것이지요.

갈등이 있을 때마다 관계가 극으로 치닫는다면 평소에 긍정적인 상호 작용이나 피드백이 전혀 없었기 때문일 확률이 높습니다. 그래서 저는 관계 회복을 고민하며 찾아오는 내담자들에게 갈등 해소나 문제 해결의 방법을 직접적으로 알려 주기보다 평소에 긍정적인 상호 작용 즉, 칭찬, 함께하는 즐거운 시간, 배려 등을 더 자주 하라고 조언합니다. 이 든든한 베이스 없이는 관계가 견고해질 수 없기 때문입니다.

인간관계는 이 과정을 얼마나 오래도록 쌓아 왔느냐에 따라 달라집니다. 다른 나라의 언어를 배우는 것과 마찬가지로 절대로 간단하고 쉬운 과정이 아니지요. 한두 번의 긍정적 상호 작용으로는 결과가 금방 나타나지 않기 때문에 지루하고 고통스러운 시간을 견뎌야 합니다. 서로에 대한 신뢰와 애정이 임계점에 도달해야 하기에 인내심이 필요하지만, 이 과정을 단단히 쌓아 놓으면 반복적으로 부딪히던 갈등이나 문제 요소들이 사라집니다.

싸움의 기술

가까운 관계에서 서로 애정과 신뢰가 돈독해지면 갈등의 빈
도는 확연히 줄고, 갈등이 생기더라도 금방 해결할 수 있습
니다. 단단히 쌓은 신뢰를 바탕으로 사랑과 애정을 주고받는
관계를 망치고 싶은 사람은 없기 때문입니다. 그렇다고 해서
모든 갈등을 예방할 수는 없지요. 때로는 예측하지 못한 갈
등이 서로를 더 잘 알아 가는 계기가 되기도 합니다. 하지만
갈등을 해결하는 적절한 기술이 필요합니다. 공들여 쌓은 관
계가 무너지지 않게 잘 싸우려면 다음과 같은 몇 가지 기술
이 필요합니다.

　　첫째, 어떤 식으로든 상대방을 공격하지 않아야 합니다.
대립 중이라도 상대방을 비난하거나 공격하지 않으면 싸움
은 커지지 않습니다. 그렇게 안전하게 대화하는 방법이 앞서
설명한 '나 전달법'입니다. 가족이나 연인 사이에서의 싸움
은 누군가의 큰 잘못보다 태도, 말투, 눈빛 등 비언어적 표현

이 원인인 경우가 많습니다. 상대방에게 비난이나 지적을 받는다고 느끼면 같이 언성을 높이게 되고, 서로 감정만 상하게 됩니다. 따라서 내 감정과 바람을 상대에게 상처 주지 않으면서 잘 전달해야 합니다.

둘째, 싸움 중에는 검사가 아니라 협상가가 되어야 합니다. 감정 소통은 상대방과 모든 것을 동의하고 한마음이 되는 것이 아닙니다. 성숙하고 견고한 관계는 서로의 다름을 인정하고 도움이 되는 쪽으로 문제를 조율하는 사이입니다. 배우자나 연인과 시시비비를 가리는 것이 습관이 되면 애정과 신뢰를 쌓기가 어려워지고 서로를 비난하는 관계가 됩니다. 이것은 끝없이 싸우는 악순환이 되기도 합니다. 친밀한 관계에서의 문제는 완벽한 해결이나 정답이 없습니다. 따라서 지나치게 옳고 그름을 따지기보다 서로의 생각을 잘 조율하는 것이 중요합니다.

셋째, 갈등의 주제가 'A'라면 그 대화는 A에 관한 이야기로 끝나야 합니다. 누구나 한 번쯤은 원래 의도와 다르게 서로를 비난하고 공격하다가 화해는커녕 감정 싸움으로 번진 경험이 있을 것입니다. 결국은 아무것도 해결하지 못하고 서로에게 상처만 남기게 되지요. 이런 경험이 쌓이면 대화, 갈등에 대한 불안감과 두려움이 커지고 더 나아가 회피하게 됩니다. 아이와 게임 때문에 불화가 생겼다면 게임 문제만 가지고 대화해야 합니다. 게임 이야기를 하다가 성적, 방 청소 등 다른 주제로 넘어가면 안 됩니다. 남편과 경제적 문제로 대화를 시작했으면 그것으로 마무리를 지어야 합니다. 자녀 교육, 양가 문제로까지 확장하면 문제를 해결하거나 조율할 수 없게 됩니다.

넷째, 감정이 격해져서 생각이나 감정을 통제하기 어렵다면 대화를 잠깐 멈추어야 합니다. 어떤 감정들은 우리의 생각을 마비시켜 버려서 이성적·합리적 선택을 하지 못하게 합니다. 이런 감정에 휩쓸리게 되면 서로 넘지 말아야 할 선을 넘기 쉽고, 해서는 안 될 말과 행동을 하게 됩니다. 모든 감정은 옳은 것이지만 모든 말과 행동이 옳은 것은 아닙니다. 따라서 스스로 제어하지 못 할 정도의 격한 감정이 든다면, 그때는 잠시 멈추어 마음을 진정하고 감정과 생각을 정리한 후에 대화를 이어 가야 합니다.

다섯째, 서로의 약점을 절대 건드리지 않아야 합니다. 가족이나 친구, 연인처럼 가까운 사이는 상대가 열등감을 느끼는 부분, 마음이 약해지는 부분을 다 알고 있습니다. 그래서 감정적으로 격해졌을 때 상대를 공격하고 싶은 마음이 들기도 합니다. 그렇게 해서 자신의 옳음을 증명하고, 상대를 억누르려는 것입니다. 그러나 이런 말과 행동들이 상대의 가슴에 평생 지울 수 없는 상처를 만듭니다. 그리고 상처를 받은 상대도 지지 않고 나의 나약함과 치부를 공격해 마음에 생채기를 내지요. 이렇게 서로 상처만 남기는 싸움을 하고 싶지 않다면 어떤 경우라도 상대의 약점을 들춰내지 않도록 조심해야 합니다.

여섯째, 심각하고 중요한 문제일수록 서로의 컨디션을 살펴보고 이야기하는 것이 좋습니다. 둘 중 한 명이라도 너무 피곤하거나 바쁜 상황에서는 대화가 잘 되지 않습니다. 감정적으로 격해져 있거나 피곤할 때는 좋은 의도로 시작한 대화도 싸움으로 끝나기 십상이지요. 따라서 중대한 사안일수록 마음이 여유롭고 감정이 안정적인 상태에서 대화를 시작해야 합니다.

일곱째, 아무리 조심해도 싸우다 보면 서로에게 실수하고 잘못할 수 있습니다. 그럴 때 가능한 한 빨리 진심으로 사과해야 합니다. 죄책감이나 어색함을 모면해 보려고 의미 없이 던지는 사과가 아니라, 의도와는 상관없이 나온 실수나 말들 때문에 다친 상대의 마음을 헤아려 진심으로 사과하는 것입니다.

가까운 사이에서의 갈등이나 싸움은 나쁜 것이 아닙니

다. 어쩌면 우리는 서로를 더 사랑하고 이해하기 위해 더 많이 싸워야 할지도 모릅니다. 관계 안에서 일어나는 불일치를 외면하거나 방치하지 않고 복구가 잘 이루어질수록 관계는 더 건강하고 단단해집니다. 서로 생각이나 의견이 다르더라도 함께 조율하면서 잘 지낼 수 있다는 믿음이 관계를 더욱 견고하게 할 것입니다.

불행의 씨앗,
비교하기

'○○ 아빠는 이번에 승진했대.'

'○○는 그렇게 공부를 열심히 하더니 좋은 대학에 합격했대.'

'○○ 엄마는 일도 잘하고 살림도 참 잘하더라.'

　　우리는 가까운 사이끼리 비교하는 말을 자주 합니다. 상대를 기분 나쁘게 하려는 의도가 아니라 '다 너 생각해서' '너 잘되라고 하는 소리'라고들 하지요. 하지만 이런 말을 들으면 마음이 상합니다. 저 말들에서 '너는 아직 부족해' '너는 충분하지 않아'라는 마음이 느껴지기 때문입니다. 이렇게 서로의 부족함을 들추는 대화를 하면 그 관계는 좋을 수가 없습니다.

　　요즘에는 누군가를 설명하는 데 곧잘 '수치'가 사용됩니다. 학교 등수, 수능 점수, 평균 연봉, 아파트 가격과 평수, 인스타 팔로워 수, 유투브 조회 수 등 이런 수치는 비교하기가 너무나 쉽습니다. 누군가는 '비교하려는 것이 아니라 객관적인 사실을 말하는 것뿐'이라고 항변할 테지만 연인이나 가족처럼 친밀한 관계에서는 '사실 여부'보다 '개인의 의견이나 취향'이 더 중요합니다. 등수와 숫자로 채워진 세상에서 한없이 초라해질 때, 누가 뭐라 해도 '당신은 나에게 가장 소중한 사람'이라는 지극히 주관적인 태도가 관계를 지켜 줍니다.

타인과의 비교는 어쩌면 우리의 본능일지도 모릅니다. 하지만 그 감정에 매몰되지 않고 나의 에너지와 관심을 다른 데로 옮겨야 합니다. 다른 집 배우자나 연인이 부러운 그 감정에 집중하는 대신 내 옆에 있는 사람의 장점을 생각해 보고, 죽어도 옆집 아이처럼 공부하지 못하는 내 아이가 마음에 들지 않아도 아이의 존재 자체의 소중함을 생각해 보는 것입니다. 그러나 아무리 홀로 마음을 다잡아도 비교하기를 좋아하는 사람들과 자주 만나다 보면 마음이 흔들릴 수밖에 없습니다. 그렇다면 그런 모임이나 만남은 가급적 피하는 것이 마음을 다잡을 때 도움이 됩니다.

또한 숫자로 환산할 수 없는 의미 있는 순간은 그 어떤 것과도 비교할 수 없다는 것을 기억해야 합니다. 평범한 일상도 잘 들여다보면 너무나 소중한 순간들이 있습니다. 금요일 퇴근 후 여자 친구와 함께 치킨을 먹으며 즐겁게 웃는 시간을 얼마의 값어치로 매길 수 있을까요? 육아에 지친 아내를 위해 조용히 청소를 하는 남편은 몇 점짜리 아빠일까요? 고사리 같은 손으로 토스트에 잼을 발라 아침을 준비한 아이를 몇 등이라 해야 할까요? 이렇게 일상을 살아가다 보면 어떤 것과도 비교할 수 없고 값을 매길 수 없는 소중한 존재와 아름다운 순간들이 있습니다. 그 순간들의 가치를 찾아내고 마음에 축적할 수 있다면 사랑하는 사람들을 남과 비교하는 습관에서 자유로워지고, 상처 주지 않는 건강한 관계를 만들어 나갈 수 있습니다.

당연한 것은 세상에 없다

미국은 한국과 다르게 집 근처에 걸어서 갈 수 있는 편의점이나 마트가 거의 없습니다. 제가 사는 곳에서 장을 보기 위해서는 차를 타고 적어도 10~20분은 가야 합니다. 그러니 매일 장을 보러 갈 수 없어 마트에 갈 때마다 미리미리 장을 많이 보는 편입니다. 저희 식구들은 먹는 것이 삶의 큰 낙인 사람들이라, 저희 집에는 온갖 식재료, 아이들이 좋아하는 간식들이 항상 구비되어 있습니다.

이렇게 집에 모든 것이 준비되어 있으니 아이들이 열심히 장을 본 부모에게 고마워할 것 같지만 실상은 그렇지 않습니다. 혹여 장을 보지 못해 집에 간식이 떨어지면 단박에 불평이 늘어집니다. 아이들에게는 집에 먹고 싶은 것들이 그득한 것이 당연하기 때문이죠. 이것이 인간의 본성입니다. 익숙해지면 감사해하기보다 당연하게 여깁니다.

인간관계도 마찬가지입니다. 익숙함 때문에 소중하고

감사한 마음을 쉽게 잊어버립니다. 우리가 누구에게 가장 예의 없게 대하는지 생각해 볼까요? 가장 사랑하는 사람, 가장 소중한 사람이라고 말하면서도 배우자, 자녀, 부모님, 연인에게 함부로 대합니다. 그것은 '~해야 한다'와 '~는 당연하다'는 무의식적 전제가 있기 때문입니다. 남편은 돈 벌고 일하는 것이 당연하고, 아이들은 열심히 공부하는 것이 당연하다고 생각하면 감사하는 마음은 사라지고 불평을 하게 됩니다. 그로 인해 서로 상처를 주고받는 것입니다.

《엄마의 반성문》(덴스토리, 2017)의 저자 이유남 선생님은 최고의 교사이자 최고의 엄마가 되고 싶은 자신처럼 자녀들도 최고가 되어 자랑이 되어 주길 바랐습니다. 그런데 그전까지 엄마의 욕심대로 공부도 잘하고 모범생이었던 아들딸이 고등학교 때 갑자기 줄줄이 자퇴를 합니다. 어느 날, 자신의 아이들이 집에서 방문을 닫고 게임만 하고 있는 시간에 거친 빗속을 헤치며 학교에 등교한 반 학생들이 눈에 들어옵니다. 숙제를 안 해 와도, 공부를 못해도 이렇게 빗속을 헤치며 학교를 오는 아이들이 너무나 대견하고 예뻐 보였다고 합니다. 반 아이들을 보며 이렇게 매일 학교에 등교하는 것이 당연하지 않다는 것을 깨달은 것입니다.

남편이 설거지를 도와주고 음식물 쓰레기를 버려 주는

것도, 아내가 하루 종일 독박 육아를 하는 것도, 아이들이 숙제를 알아서 하는 것도 당연하지 않습니다. 모든 것이 당연한 것이 아니라고 생각하면 작은 수고와 헌신, 노력에 감사해할 수 있습니다. 이렇게 값으로 매길 수 없는 순간을 감사하며 표현하기 시작하면 관계도 달라집니다. 나의 수고와 노력을 인정해 주는 사람에겐 더 잘하고 싶은 것이 사람의 마음이기 때문입니다.

세상에 당연한 건 없다는 것을 누군가는 잃고 나서야 깨닫습니다. 건강을 잃고, 가족이 아프거나 연인이 떠나고 나서야 후회합니다. 익숙함이야말로 가장 소중한 것으로, 그만큼 귀하게 다루어야 합니다. 그 마음과 태도가 관계에 기적을 가져다 줄 것입니다.

육아와 살림을 반반씩 하기로
배우자와 약속했는데,
지키지 않아 자꾸 싸우게 됩니다.

여러 시대적 요인으로 결혼에 대한 사회적 인식이 과거와는 많이 달라졌습니다. 일을 하는 남편과 살림과 육아를 도맡아 하는 아내의 역할이 확실했던 과거와 달리 요즘은 부부가 일, 육아, 집안일을 대부분 공동으로 부담하지요. 긍정적인 변화인 것만은 확실하지만, 개인적으로는 요즘 부부들이 중요한 것을 놓치고 있는 것 같아 아쉬울 때가 있습니다. 결혼 생활은 함께 삶을 나누는 것입니다. 그런데 그것은 회사에서 주어진 업무를 하듯 딱딱 나눌 수 있는 성질의 것이 아닙니다.

서로 간의 평등을 앞세워 이런 계약 또는 약속을 하는 것의 가장 큰 문제는, 상대방의 헌신이나 노력을 감사하게 생각하지 않고 당연한 것으로 여기게 된다는 것입니다. '그것은 너의 일이니 네가 알아서 하라'는 태도가 되어 버린다는 것이죠. 그리고 상대가 그 일을 제대로 하지 않았을 때 상대 입장이나 상황을 이해하려는 노력보다는 원망과 비난을 하게 됩니다. 매일 함께 살면서 서로에게 감사하지 않고 비난과 원망을 쏟아 내면 관계는 금방 나빠집니다. 아무리 연애 때 열정적인 사랑을 했더라도 관계가 틀어지는 것은 시간문제인 것이지요.

게다가 함께 살다 보면 예상치 못한 변수가 생기게 마련입니다.

아무리 각자의 역할을 정해 놓는다고 해도 후에는 무용지물이 될 가능성이 크지요. 계획에 없던 임신이 될 수도, 기다리던 아이가 안 생길 수도 있습니다. 갑작스럽게 회사 일이 바빠질 수도 있지요. 이렇듯 예상치 못한 일이 일어나는 것이 인생입니다. 완벽하게 평등한 헌신, 육아, 살림이 불가능하지요. 관건은 이런 상황에서 '서로 얼마나 유연하게 조율하는가'입니다.

아내가 임신을 했다면 건강한 출산과 회복을 위해 남편의 헌신과 배려가 더 필요하고, 남편이 직장에서 큰 프로젝트를 맡았거나 이직을 했다면 아내가 양보하고 배려해야 합니다. 이처럼 아내의 헌신과 노력이 더 필요한 시기가 있고, 또 어떤 시기에는 남편의 배려와 노력이 더 필요할 수 있습니다. 또 어떤 시기에는 두 사람이 마음을 합쳐 육아를 하고 아픈 가족이나 부모님을 도와야 할 시기가 오기도 합니다.

저는 '반반 부담'이라는 생각에서 벗어나 남녀 구분 없이 각자가 잘하고 좋아하는 것 위주로 육아와 살림을 분담하는 것이 좋다고 생각합니다. 누가 되었든 요리를 더 좋아하고 잘하는 사람이 식사를 담당하고, 숫자에 강한 사람이 가계부 관리를 하는 것입니다. 아이들에게 화내지 않고 숙제를 봐줄 수 있는 사람이 아이들 교육을 담당하고, 다른 배우자는 아이들과 놀아 주거나 씻겨 주면 됩니다. 이렇게 유연하고 협조적으로 육아와 살림을 분담하는 것이 더 중요합니다. 여기서 잊지 말아야 할 것은 상대방의 배려와 헌신은 당연한 게 아니라는 것입니다. 그래야 서로에게 감사하고 협조할 수 있습니다. 또한 맡은 일을 제대로 하지 못했다고 재촉하기 전에 먼저 어떤 이유가 있는 것인지 대화를 나누어야 합니다.

　부부나 연인 관계는 서로 존중하며 사랑을 받고 있다는 신뢰가 가장 중요합니다. 그것은 생활비를 정확히 반반씩 내고, 살림을 똑같이 나누어 한다고 해서 쌓을 수 있는 감정이 아닙니다. 상대도 애쓰고 있다는 믿음, 나를 배려하고 사랑하는 것을 당연하게 여기지 않는 마음, 서로를 향한 감사와 인정이 건강하고 바람직한 관계의 핵심입니다.

에필로그

사랑이란 서로가
'나답게' 성장하도록 응원하는 것

이웃집 앞마당엔 흰 꽃과 분홍색 꽃이 함께 어우러져 꽃을 피우는 나무가 있습니다. 처음엔 원래 그런 종류의 나무인 줄 알았습니다. 미국엔 정말 신기한 나무도 많구나, 싶었지요. 그러다 자세히 들여다보니 두 나무가 함께 꼬아져서 올라간 연리지였습니다. 함께한 세월이 오래 되어 지금은 마치 한 그루의 나무처럼 보이는 것입니다. 흰색과 분홍색 꽃이 조화를 이뤄 흐드러지게 필 때면 너무나 아름답습니다. 연리지는 연인이나 부부 간 사랑의 결정체나 표본으로 종종 소개됩니다. 서로가 떨어지기 싫은 것처럼 얽히고설켜 자라기 때문입니다.

　하지만 실상은 그렇지 않다는 것을 아시나요? 나무 의사이자 전문가인 우종영 작가는 《나는 나무처럼 살고 싶다》

(메이븐, 2021)에서 원래 나무는 자기만의 공간에 그 누구도 허락하지 않기 때문에 큰 나무 밑에서는 그 어떤 나무나 식물도 자랄 수 없다고 했습니다. 나무가 그늘을 만들어 햇빛이 잘 들어오지도 않고, 이미 뿌리를 내린 나무가 양분을 다 빼앗아 가기 때문에 자신보다 약한 나무들의 씨를 말려 버린다는 것입니다. 어떤 면에서는 약육강식의 세계와 별반 다르지 않은 것이지요. 그래서 나무들끼리 너무 가까이 심어 놓으면 둘 중 하나는 시들거나 치열하게 싸우다가 둘 다 죽는다고 합니다. 그런데 간혹 똑똑한 나무들은 둘이 공생할 방법을 찾는다고 합니다. 그렇게 탄생한 나무가 연리지인 것입니다. 여기서 재미있는 사실은 이렇게 두 나무가 하나 되어 공생하기 시작하면, 두 나무는 전보다 훨씬 튼튼하고 건강하게 자란다는 것입니다. 웬만한 해충이나 병도 잘 이겨 내고, 이전보다 훨씬 생명력도 강해집니다.

　가장 신기했던 것은 이렇게 하나가 되어 자라도 각자의 특성은 사라지지 않는다는 것입니다. 그래서 분홍 꽃을 피우던 나무는 계속 분홍 꽃을 피우고, 하양 꽃을 피우던 나무는 하양 꽃을 피우는 것이지요. 자신의 본래 속성은 잃지 않고 함께 어우러져 어디에서도 본 적 없는 특이하고 아름다운 나무가 되는 것입니다.

제가 생각하는 가장 이상적인 인간관계의 모습이 연리지입니다. 누군가에게 지배당하거나 의존하지 않고, 각자의 개성을 유지하면서 혼자일 때보다 더 건강해지고 성장하는 모습입니다. 우리도 본래 나무처럼 누군가와 함께 잘 지내기 어려운 이기적이고 자기 중심적인 존재입니다. 그래서 가족이나 연인처럼 일상을 매일 공유하는 사람과 잘 지내는 것은 세상에서 가장 어려운 일이기도 합니다. 하지만 두 사람이 적절히 독립적이고 건강하고 지혜롭다면 오히려 혼자보다 더 건강하고 든든한 관계가 됩니다.

이 연리지 같은 관계로 성장하기 위해 가장 먼저 해야 하는 것이 자신을 돌보는 것입니다. 세상에 가장 먼저 돌보고 아껴 주어야 하는 사람은 그 누구도 아닌 '나'입니다. 자신과 잘 지내는 사람이 타인과도 잘 지냅니다. 자신을 돌보듯이 타인을 돌보기 때문입니다. 함께 건강하게 성장하고 성숙하는 관계가 사랑입니다. 이 책을 만난 모든 분이 사랑하는 사람들과 현명하게 공생하며 세상의 풍파와 어려움을 이겨 내는, 튼튼하고 아름다운 연리지가 되길 바랍니다.

나를 치유하고 더 나은 우리가 되는 관계심리학

나는 나를 사랑하지 않았던 거야

초판 1쇄 인쇄 2024년 9월 9일
초판 1쇄 발행 2024년 9월 16일

지은이 원정미

대표 장선희 **총괄** 이영철
책임편집 한이슬 **기획편집** 현미나, 정시아, 오향림
책임디자인 최아영 **디자인** 양혜민
마케팅 최의범, 김경률, 유효주, 박예은
경영관리 전선애

펴낸곳 서사원 **출판등록** 제2023-000199호
주소 서울시 마포구 성암로 330 DMC첨단산업센터 713호
전화 02-898-8778 **팩스** 02-6008-1673
이메일 cr@seosawon.com
네이버 포스트 post.naver.com/seosawon
페이스북 www.facebook.com/seosawon
인스타그램 www.instagram.com/seosawon

ⓒ 원정미, 2024

ISBN 979-11-6822-325-7   03180

서사원은 독자 여러분의 책에 관한 아이디어와 원고 투고를 설레는 마음으로 기다리고 있습니다.
책으로 엮기를 원하는 아이디어가 있는 분은 이메일 cr@seosawon.com으로 간단한 개요와 취지,
연락처 등을 보내주세요. 고민을 멈추고 실행해보세요. 꿈이 이루어집니다.